LES BEAUX JOURS DE L'ÉCOLE NORMALE

5-7, rue de l'Ecole polytechnique, 75005 Paris

http://www.librairieharmattan.com
diffusion.harmattan@wanadoo.fr
harmattan1@wanadoo.fr

ISBN : 978-2-296-07325-8
EAN : 9782296073258

Michèle MALDONADO

LES BEAUX JOURS DE L'ÉCOLE NORMALE

L'Harmattan

Pour faire le portrait d'un normiot[1]

Peindre d'abord une imposante bâtisse
avec un portail, un grand séquoia et une porte ouverte
peindre ensuite
quelque chose de vrai
quelque chose d'ancien
quelque chose d'émouvant
quelque chose de beau
pour le normiot[2]
placer ensuite le tableau contre un mur
dans une cour d'école
dans une médiathèque
ou dans une bibliothèque
se cacher derrière un pilier
sans rien dire
sans bouger...
Parfois le normiot comprend vite
mais il peut aussi mettre de longues années
avant de se rappeler

Ne pas se décourager
attendre
attendre s'il le faut pendant des journées,
la tristesse ou la tendresse des souvenirs du normiot
n'ayant aucun rapport

---

[1] Adapté de Jacques Prévert : « Pour faire le portrait d'un oiseau »
[2] Diminutif pour « normalien ».

avec la réussite du tableau
Quand le normiot arrive
s'il arrive
observer le plus profond silence
attendre que le normiot entre dans le passé
et quand il est entré
fermer doucement la porte et avec prudence

reconstituer la mémoire
effacer un à un tous les déboires
en ayant soin de n'essuyer aucune des larmes du normiot
Faire ensuite le portrait de la classe
en choisissant la plus belle des salles
pour le normiot
peindre aussi les paroles et la fraîcheur des idées
la poussière du soleil
et la joie des échanges dans la chaleur du foyer
et puis attendre que le normiot se décide à parler
Si le normiot ne parle pas
C'est mauvais signe
signe que le tableau est mauvais
mais s'il parle c'est bon signe
signe que vous pouvez signer
Alors vous prenez dans sa poche
une des plumes Sergent Major du normiot
et vous écrivez votre nom dans un coin du tableau.

Élise

« V'là Élise ! » Le cri de guerre a retenti, provoquant du sous-sol au grenier la panique la plus complète. C'est que le temps est court entre l'instant où l'alarme est donnée et celui où sévit la terrible tornade. La spectatrice non avertie, à savoir la « pignoufe[3] » de première année récemment débarquée 24, rue des Moreaux, assistera tout d'abord, effarée, les yeux écarquillés, à une bousculade effrénée rappelant la course des bisons dans les plaines de l'Oklahoma, chacune se hâtant sans demander son reste vers son poste de travail ou sa salle d'étude. Suivra de très près, venu du plus profond du couloir du rez-de-chaussée, le hurlement aigu et prolongé, monstrueux, quasi inhumain, qui lui figera le sang dans les veines et la clouera sur place. Surgira enfin, le temps d'un quart de soupir, celle qui lui fera très vite comprendre que dans ce cas-là on ne pose pas de questions : comme les copines, on fait place nette dans l'espoir de ne pas se voir happée, emportée dans l'oeil du cyclone. Inutile de rêver : il y a toujours matière à déclencher la colère tant redoutée : une trace sur un miroir, un grain de poussière sur un rebord de fenêtre, une mèche rebelle ou des chaussures mal cirées. La seule apparition d'Élise implique tout à la fois crime et châtiment.

Campée sur deux fortes jambes gainées d'épais bas de laine, un chignon gris vissé au sommet de la tête, les

---

[3] Elève de 1è année

lunettes en équilibre sur l'extrême bout du nez, la bouche en cul de poule surmontée d'un soupçon de moustache grise, notre gestionnaire rappellerait assez le personnage de Miss Trunchbull, du roman de Roald Dahl, « *Mathilda* ». Rien n'échappe à son regard perçant. Ses activités quotidiennes dépassent largement ce qu'on pourrait attendre de la fonction purement administrative qui lui a été attribuée. Vraisemblablement fournie à titre de bonus exceptionnel avec les accessoires de l'école le jour où celle-ci fut construite ou peut-être surgie du sol et de ses fondations par une nuit de pleine lune, à l'appel glaçant et déchirant d'un coyote égaré, Élise a trouvé sa vocation incontestable dans l'éducation des jeunes filles confiées à ses bons soins pour occuper un jour un poste d'institutrice. De son temps, du temps de la vieille école, la gente féminine « Bon Chic Bon Genre » apprenait en priorité à coudre, à cuisiner et à tenir la maison de son seigneur et maître. De nos jours il n'y a plus de saisons, plus de manières, plus de respect. À la radio et dans les rues on n'entend plus que les Beatles, les Rolling Stones et autres sauvages du même acabit venus d'Outre Manche avec des cheveux comme ces engins « attrape poussière » aux couleurs fluorescentes. La plupart des lauréates au concours d'entrée à ce qu'on appelle encore « l'École Normale de Jeunes Filles » ne savent même plus faire leur lit ! Où réside donc la normalité dans tout cela ? Tout est à recadrer et notre missionnaire de choc de l'École de Jules Ferry s'y consacre corps et âme. Et, croyez-moi, il y a du sport !

Les normaliennes doivent séjourner en internat car l'un des objectifs de leur nouvelle formation est d'apprendre à vivre ensemble en cercle fermé, loin de toute influence parentale, bonne ou mauvaise. Chaque promotion dispose d'un long dortoir divisé en petits boxes fermés par un rideau à fleurs bleues. Chaque pensionnaire doit faire son ménage. Il est précisé dans la liste du trousseau distribué aux futures normaliennes qu'il faut arriver munie de sa pelle et de son balai. Impossible de s'imaginer en Jeanne d'Arc ou en Agrippine [4]conversant, le soir venu, avec ses moutons car Élise prend soin de vérifier si le dessous des lits également recouverts de tissu fleuri a été balayé. Il en est de même pour les placards : pulls au dessus, puis sous-vêtements et enfin penderie. Pas question d'utiliser le bas du meuble pour y entasser des objets hétéroclites très personnels qui, à la maison, constituaient jusqu'alors le jardin secret interdit d'accès aux parents et généralement respecté. Les cloisons doivent rester propres et nues. L'exposition de photos ou de cartes postales constituerait un signe indéniable de vulgarité.

Les fenêtres hautes et étroites donnent sur une cour intérieure. Au bas de mon box, j'ai remarqué une bouche d'air que j'aménage et utilise pour conserver les crèmes ou gâteaux que ma mère glisse dans mon sac le dimanche soir. Élise a tôt fait de découvrir mon garde-manger qu'elle vide avec fracas. Il paraît qu'elle en a plaisanté, plus tard, avec les professeurs et qu'elle s'est montrée admirative de mes précoces instincts de ménagère.

Le plancher de bois verni craque sous nos pas et nous devons prendre garde à ne pas réveiller les copines lorsque nous nous rendons aux toilettes qui se trouvent à l'entrée du dortoir ou à la salle de douche qui sert de lieu de travail aux insomniaques ou aux lève-tôt de mon espèce. En face, une longue salle équipée d'une trentaine de lavabos surmontés d'un miroir. Nous nous y débarbouillons silencieusement le matin et dans un état d'euphorie et de bruyante excitation le soir, après dîner. Fusent anecdotes de la journée et plaisanteries hilarantes qui nous

[4] Héroïne de Claire Brétécher

transportent parfois au bord de l'hystérie. Il nous arrive alors de hurler de rire, de chanter à tue-tête des chansons dont nous avons perverti les paroles.

Très vite nous prenons l'habitude de nous retrouver dans le noir après le dernier passage de la surveillante. Ces rassemblements nocturnes au fond du dortoir finissent régulièrement par des crises de rires qui provoquent la réaction immédiate du dragon gris toujours à l'affût du moindre dysfonctionnement : descente sulfureuse d'Élise, inversement proportionnelle à la montée d'adrénaline des victimes et de la tortionnaire. Ce qui n'occasionne en aucun cas l'arrêt définitif des transgressions internes de plus en plus fréquentes et fantasques au cours des années.

L'éducation à l'hygiène et à l'économie ne se limite pas à notre pré carré. Notre établissement n'emploie qu'un minimum de femmes de service. C'est aux pensionnaires qu'il incombe d'entretenir les locaux. Tous les matins nous nous voyons confier un espace commun que nous devons tenir propre. Pour ma part, je nettoie les toilettes du rez-de-chaussée, au bout du couloir qui mène au bloc scientifique. Nous opérons en binômes. Outre les cuvettes et le sol, il faut faire briller les miroirs en soufflant dessus et en frottant. Nous faisons également reluire les poignées de portes. Notre travail est étroitement contrôlé et, très vite, nous devenons expertes en la matière. Nous, les « princesses au petit pois » habituées à une vie facile et surprotégée dans nos foyers, éprouvons, dans les premiers temps, un sentiment de lèse-majesté et d'injustice face à ces corvées imposées. Peu à peu, nous nous y habituons, saisissant cette occasion pour exprimer nos frustrations mutuelles, mieux connaître l'autre, lui faire des confidences. J'aurais peut-être à peine remarqué Françoise, élève de deuxième année, nous ne nous serions même pas saluées en nous croisant dans les couloirs, si la corvée du matin ne nous avait pas réunies.

Plus tard nous comprendrons mieux le sens de cette initiative : nous aurons appris à entretenir notre espace, à être fières du résultat de nos peines. Surtout, nous aurons pris conscience de la valeur de l'effort, quel qu'il soit. Nous respecterons les travailleurs et apprendrons à nos enfants à les respecter, indifféremment de leur fonction, de leur âge ou de leur couleur.

Élise est célèbre dans tout l'établissement. Il lui arrive régulièrement de faire irruption dans le réfectoire pour annoncer froidement qu'il se trouve parmi nous « une élève sale ». Elle plonge alors les yeux dans ceux de sa victime et prend un plaisir intense à détailler ce qu'elle a découvert dans sa chambre ou parmi ses affaires, l'humiliant sans la moindre pitié.

Sa notoriété s'étend également à l'école normale de garçons, l' « E.N.G » située quelques rues plus haut. En effet, les futurs enseignants vivent une expérience similaire, tenus d'une main de maître par leur tyrannique intendant, Pépito. Cependant, sa situation de père de famille et sa réputation de papa gâteau pour ses propres filles confèrent au petit bonhomme replet un caractère d'humanité inconcevable chez notre tortionnaire.

Une surveillance étroite a été mise en place lors des contacts occasionnels entre les deux établissements. S'il est de bon ton que les futurs enseignants rencontrent de temps à autre leurs homologues dans la perspective de former des couples qui partiront main dans la main porter la bonne parole dans les campagnes environnantes, la bienséance doit prévaloir en toute occasion. Il faut donc sauver les apparences et raser les murs lorsqu' apparaît à l'horizon un spécimen du genre masculin. Le bal annuel de l'école normale se déroule sous l'œil vigilant de nos deux kapos qui traquent le regard tendre ou l'effleurement d'une caresse. Ils sont tous deux campés sur l'estrade, au niveau de l'orchestre. Pour un peu, ils bousculeraient le batteur pour mieux voir. On assiste alors à un mouvement général de repli : les bras s'écartent lorsque les couples remontent la salle, se resserrent lorsqu'ils sortent du balayage des miradors.

« Bien qu'un mètre environ nous sépare
Nous voguons par delà les violons
On doit dire qu'entre nous, on se marre
À les voir rajuster leurs lorgnons… »[5]

Les ados se retrouvent néanmoins le jeudi après-midi dans la rue principale ou dans le petit café de la rue de Paris. Ils se quittent amicalement ou tendrement dans la rue des Charmilles rebaptisée « rue des adieux » car elle représente la dernière étape avant le tournant fatidique de la rue des Moreaux. On l'appelle aussi « Rue de la verdouille », car dans notre argot de normiots , *verdouiller* signifie *flirter* .

Les garçons viennent régulièrement suivre les cours de physique et de chimie au bloc scientifique situé chez les filles. Visites prévisibles et facilement gérables pour notre duègne. La situation se complique lorsque, à la rentrée suivante, les classes deviennent mixtes pour les élèves de première et deuxième année. S'ensuit alors un va-et-vient constant de jeunes mâles parfois un peu trop dynamiques dans nos couloirs et une fuite des filles de la section « maths » vers l'école normale de garçons. La tonique demoiselle n'en perd pas pour autant ses moyens et l'école résonne plus que jamais du cri de guerre si familier et de vociférations diverses. Élise entraîne derrière elle une adjointe admirative et dévouée qui, à son tour, après le

---

[5] « Vous permettez, Monsieur » d'Adamo, 1965, date d' entrée à l'EN.

départ en retraite de son imposante égérie, s'essaiera à hurler sans jamais réussir à impressionner qui que ce soit. Il faut reconnaître, à son actif, que la barre était haute...

Préceptrice stérile par vocation ou innocente victime d'une tragédie ancienne ? Nous apprendrons bientôt que notre tyrannique demoiselle a perdu à la guerre de Quatorze un fiancé à qui elle a promis de rester fidèle toute sa vie. Elle fera preuve d'énormes qualités humaines en élevant comme une mère sa petite nièce jusqu'à sa majorité. Elle apportera son aide inconditionnelle aux normaliennes en difficulté.

Élise nous donnera d'autres occasions de découvrir, derrière une façade austère, voire menaçante, un cœur énorme, un instinct maternel, un respect de la vie et une générosité sans bornes. Pour tout cela, nous lui rendons hommage.

Le moment de la toilette

Pourquoi l'école normale ?

Brillant latiniste, par les bons soins du curé d'Aboukir, l'abbé Donard, qui lui faisait traduire à l'avance toutes les versions latines portées au programme et lui permettait, de ce fait, d'obtenir des résultats exceptionnels, mon grand frère s'est découvert, à l'arrivée en second cycle, des affinités « particulières » pour les matières scientifiques. En fait contraint et forcé par une mère persuadée que l'avenir résidait dans les mathématiques et la physique plutôt que dans la littérature, il dut, bien que rêveur et littéraire, embrasser la carrière de chercheur dans laquelle il conserva son état d'esprit un peu visionnaire nécessaire à toute créativité.

Pour les parents il était normal que la petite sœur emprunte le même chemin. Je lui ai donc emboîté le pas avec autant de bonheur au départ, beaucoup moins au fur et à mesure que se développait mon adolescence rétive.

J'ai quatorze ans. Je suis en classe de seconde au lycée Paul Bert d'Auxerre, dans la section C qui combine les programmes scientifique et littéraire. En ce qui concerne le latin, nous, en bonnes dilettantes épicuriennes, trouvons rapidement une solution pratique à l'inévitable corvée de traduction journalière des *Catilinaires* qui mobilise trois-quarts d'heure de chacune de nos précieuses soirées. Les garçons de seconde C du lycée Jacques Amyot qui jouxte le nôtre et dont nous partageons le bloc scientifique nous font partager leur professeur de latin pendant le congé de maternité du nôtre. Nous bénéficions d'un léger retard sur eux qui reçoivent la correction de leurs traductions un jour avant nous. Enfin et pour comble de bonheur, Béatrice, la fille du professeur, fait partie de notre classe et de notre groupe d'amis. Les premiers contacts se font facilement et tout aussi naturellement s'organise la passation des précieux documents. Nous mettons en place un roulement pour récupérer plus discrètement et plus sûrement les papiers. Les externes et demi-pensionnaires sont chargés de gérer l'opération. C'est ainsi que je fais la connaissance de Dominique quand arrive mon tour. Début d'une grande aventure à la mesure de notre fragile adolescence....

Cependant, s'agissait-il vraiment d'un heureux hasard ? Par sa fréquentation assidue des fêtes patronales des villages environnants et des surprises parties, Michel Kupiek, grand garçon au charisme confirmé et à la jolie frimousse agrémentée d'une épaisse chevelure bouclée, s'était peu à peu constitué un vivier de petites poulettes de grain dans lequel il puisait à présent, évaluant les chances de chacun en fonction des personnalités et des affinités. C'est lui qui annonçait qui allait rencontrer qui pour l'échange à venir. Efficace travail d'intermédiaire qui le libérait d'attaches parfois pesantes tout en rendant service aux copains...

Sans le savoir, le sympathique et volubile professeur de latin, grand personnage maigre et ridé comme un vieux sac de cuir, favorise les contacts en nous proposant d'aller débusquer la statue de la Sybille sur l'un des murs du déambulatoire de la cathédrale St Etienne d'Auxerre. Nous découvrons très vite la méduse aux yeux de pierre et aux cheveux de serpents. Par la même occasion, nous constatons que, pour un franc, il est possible de visiter la tour de la cathédrale. Havre de paix sombre et frais, à l'abri des yeux curieux et des mauvaises langues. Trois cent trente marches de rigolade et, tout en haut, une vue panoramique à vous couper le souffle s'il vous en reste encore. À présent interdit d'accès, son étroit escalier en colimaçon découvrait, à intervalles réguliers, une vue imprenable sur les profondeurs de ce superbe édifice médiéval. Il aura, pendant nos années d'adolescence, largement contribué à abriter de joyeuses et romantiques retrouvailles hebdomadaires.

En ce qui concerne les devoirs de mathématiques et de physique, c'est un peu plus problématique. Heureusement pour nous, les « touristes », la classe compte plusieurs petits génies qui n'hésitent pas à nous passer les exercices que nous recopions à toute vitesse avant l'heure de cours. Je ne citerai qu'Annie Riché, la plus brillante. Elle développe avec une virtuosité impressionnante les raisonnements par « l'absur*b*e », qui, bien qu'écorchés phonétiquement, n'en sont pas moins époustouflants. Pour ma part, je dispose de peu de temps le soir car mes parents viennent d'acheter la télévision. Faut ce qu'il faut ! À dix-huit heures cinquante précises commence le feuilleton qui, comme par un coup de baguette magique, nous transporte instantanément dans le monde captivant, mystérieux et ô combien romantique, de *Rocambole*. Or, il faut avoir terminé ses devoirs pour être autorisé à le regarder... Alors, tout est réglé, plié, rangé, dix bonnes minutes avant le début des festivités. Au week-end, Vidocq et la belle Hortense viennent avec autant d'insolente efficacité mettre un terme à nos meilleures résolutions.

Il faut admettre par ailleurs que la télévision nous apportait un complément de culture non négligeable. Un soir, alors que nous regardions un documentaire animalier, nous avons vu une chèvre mettre bas. Depuis un moment, ma mère gigotait, gênée, sur sa chaise. À la fin du programme, elle baissa les yeux en murmurant : « Voilà, à présent vous savez tout ».

Regard en coin, sourire complice : ma sœur et moi n'avons pas voulu faire voler en éclats ses illusions en lui expliquant que la fréquentation des camarades de classe constituait une source d'information bien plus instructive.

J'aime beaucoup la géométrie plane et l'algèbre. En revanche, je suis carrément allergique à la géométrie dans l'espace. Mon cousin Claude nous enseigne la physique et la chimie. Il est jeune, avenant, dynamique, clair dans ses explications, efficace dans ses expériences. Tout le monde l'adore, même la prof de maths que nous admirons toutes pour son élégance et l'arrangement parfait de ses mises en plis. À ce qu'il semble, le petit professeur n'est pas insensible aux charmes de la belle dame. On les aperçoit tous deux en grande conversation dans le défilé qui se tient tous les midis à la sortie de la cantine. Conformément à nos prédictions, ils finiront par convoler en justes noces.

Claude sait exactement à quoi s'en tenir à mon sujet car, outre sa propre expérience, il subit les lamentations de ses collègues à mon sujet. Je travaille juste assez pour ne pas me mettre en danger. En revanche, je me lance sans retenue dans les domaines qui me parlent : l'anglais, l'histoire, le dessin...

Tout récit nécessite un événement déclencheur : pour ma part, il prendra la forme d'une lettre du secrétariat.

Comme tous les soirs j'arrive tranquillement à la maison, traînant « ma vache[6] », comme disent les ados du village avec lesquels je partage le car de ramassage scolaire. En effet, tous les jours, nous allons au lycée dans une petite estafette bleue dans laquelle nous nous entassons. Ça sent le troufion, le linge pas très propre, mais on n'y fait pas attention et on passe le temps en écoutant

---

[6] mon cartable

les garçons raconter leurs frasques avec un gros accent bourguignon. Le chauffeur, petit gros à la trogne rutilante, prend part aux fanfaronnades et y va de sa chansonnette.

Ce soir-là, Maman m'attend au bout de l'allée. Elle vient de recevoir un courrier proposant à tous les élèves de seconde de préparer gratuitement le concours de l'école normale. Je fais grise mine. L'école normale, j'en ai entendu parler toute ma vie : ça signifie devenir institutrice, prendre la suite de maman, peut-être entre les murs mêmes de cette grande bâtisse de Perrigny dans laquelle je reste cloîtrée tous les étés. Pendant ce temps-là, mes copines du lycée vont à la mer et reviennent bronzées et rayonnantes comme des figures de mode. Cela implique également perdre de vue les contacts que j'ai eu tant de mal à établir à mon arrivée d'Algérie. Cela signifie enfin compliquer mes rencontres déjà problématiques avec mon petit copain.

Et puis moi, je voudrais être professeur d'anglais. Contrairement à ce qu'en disent les adultes bien-pensants, moi, les Beatles, ça me va tout à fait. Grâce à eux je connais parfaitement toutes les structures habituellement difficiles à assimiler. Sandra, la correspondante que je me suis choisie moi-même lors de mon premier séjour à Bingley Grammar-School, m'envoie régulièrement les paroles des chansons que j'apprends par cœur et que je transpose avec d'autant plus de facilité que j'aime l'Angleterre. J'apprécie les gens et toutes ces différences qui trahissent une mentalité tellement spéciale. Les écoles sont mixtes et les élèves sympathiques et amicaux. Cheveux longs coupés au bol et mèches blondes tranchent sur la formalité des uniformes. Nous les élèves bien élevées du lycée Paul Bert, assistons, incrédules, à la fois horrifiées et épatées, au déroulement festif, voire chaotique, des cours de mathématiques de l'école de Bingley. Imperturbable et vêtu de sa longue toge noire, coiffé de son chapeau carré, un grand échalas de professeur grisonnant continue son cours dans le brouhaha le plus complet.

Les filles de notre âge ont toutes un « boy friend » avec qui elles vont jouer au bowling ou danser et que les parents reçoivent chez eux. Carrément inconcevable pour nous !!! C'est à ce moment-là que j'entends pour la première fois la structure ***« used to »*** que nos élèves ont tant de mal à gérer. Fortement intéressée par « Square eyes », blondinet aux yeux verts très curieux des échanges culturels avec notre beau pays, je me renseigne auprès de son ex-petite amie qui me répond en riant : « I used to like him », impliquant par là que cette histoire appartient bel et bien au passé et que, par conséquent, je peux tenter ma chance. Au cours d'une fête qui se déroule l'année suivante, chez une de nos Anglaises, quelqu'un demande à Malcolm, intéressant spécimen de Terminale, si je suis son amie. À cela le garçon répond : « I wish it was » ... Autre structure qui, utilisée « en contexte », rapportée et explicitée par ma correspondante, me permet de peser le pour et le contre avant de prendre les mesures adéquates...

C'était au moment où les Beatles chantaient « Michèle, ma belle... » « Apprendre en situation, rien de tel ! » diront les pédagogues... Je confirme et signe.

Dans la vie courante, les Britanniques ne se tutoient pas mais ils s'ouvrent à l'autre de mille et une façons. J'admire la convivialité du « question tag » qui vous invite à réagir et à donner, à votre tour, votre avis alors que le Français annoncera : « c'est pas un boudin, la Carla ! », assumant tout naturellement que celui à qui il s'adresse pense comme lui. On respecte la vie et les animaux. On s'envoie des vœux à n'importe quelle occasion. On trouve même en 1963 des magasins spécialisés dans la vente de toutes sortes de cartes. Ces boutiques ne seront implantées en France que trente ans plus tard, sous le néologisme « carteries » créé sans complexe dans la foulée des « déchetteries » et des « jardineries ».

Sans parler de la pâtisserie qui, loin d'être un non-sens linguistique, constitue une réalité scientifique, poétique et gustative. Le « Trifle » signifie « une bagatelle » mais il est tout sauf insignifiant, savante superposition de génoise prise dans une gelée de framboises, surmontée de fruits frais, puis d'une couche de crème pâtissière et enfin, de crème chantilly... Le « lemon-meringue pie », tarte au citron meringuée, le « lemon curd », onctueuse crème au citron qui se tartine sur de larges tranches de pain de mie toastées...

Bref, je refuse tout net la proposition d'abandonner mes projets étroitement liés au monde britannique pour aller semer la bonne parole chez les petits Bourguignons.

Ma mère me connaît bien. Elle est très douée pour les stratégies de contournement. Elle m'assure que je ne serai pas forcée de me présenter au concours. J'éprouve, dit-elle, de la difficulté à mettre mes idées en forme car je ne suis pas assez mûre pour mener un raisonnement cohérent et rédiger de bonnes dissertations. Les cours de français me feraient le plus grand bien... En outre, nous, les candidates, serions réunies en un petit groupe d'une quinzaine d'élèves capables de nous faire entendre alors que nous sommes une cinquantaine rassemblées dans l'anonymat des sections regroupées A A' C B dans une immense salle du lycée. Assise tout au bout d'une interminable rangée de tables vétustes aux casiers brinquebalants, je dois me démancher le bras pour être interrogée. Le professeur ne me remarque jamais.

Maman reprend des arguments que je lui ai moi-même présentés pour me convaincre. Pour les mathématiques, ce sera un vrai plaisir qui me valorisera : on n'abordera pas la géométrie dans l'espace. On se contentera de consolider le programme de troisième dans lequel j'excellais. En effet, tablant sur mon caractère vénal, ma mère m'avait appâtée tout au long de l'année précédente en me donnant un franc pour chaque épreuve de mathématiques du BEPC réussie. Quand j'avais repéré un nouveau disque, c'est moi qui lui demandais de choisir un sujet dans les petits livrets d'annales. Au bout de quelques semaines, les épreuves se ressemblaient en tout point et ne recelaient plus aucun secret.

J'ai donc rejoint le groupe de préparation au concours, « pour le plaisir ». Et ce fut effectivement une révélation. Tout à coup, j'ai porté sur les auteurs français un regard neuf. J'ai appris à repérer les champs lexicaux et à les interpréter alors que, dans le cours « fourre-tout », j'étais, par ennui, devenue experte en fabrication de cocottes en papier et de flottilles dignes de remettre en question l'insolent succès de Nelson à la bataille de Trafalgar. J'ai découvert avec étonnement l'humour de Montesquieu et l'ironie de Voltaire. Je me faisais alors un plaisir de détecter les finesses des allusions culturelles. Enfin, on m'accordait le droit de ne pas être d'accord et d'exposer mes propres idées, ce que je faisais encore de manière maladroite.

Mon amie Sylvette dont le père dirige l'école de garçons à Perrigny, m'a accompagnée dans cette aventure. Toutes deux hostiles et cyniques dans les débuts, nous nous présentons au cours en marmonnant la chanson en vogue « Qui a eu cette idée folle un jour d'inventer l'école »[7].

---

[7] France Gall : *Sacré Charlemagne*

Cependant nous nous laissons petit à petit prendre par la magie d'une matière qui, je l'ai découvert plus tard, a constitué pour nous deux une réelle source de plaisir.

Pour être tout à fait honnête, je dois mentionner un autre fait qui m'a également amenée à porter sur l'école normale un œil plus amène. Au lycée Paul Bert, mes amies et moi formions un petit groupe choyé par les dames de la cantine. Madame Mouturat habitait mon village et se montrait toujours souriante et généreuse. Nous avions pris l'habitude de nous réunir dans une petite salle privée, située à l'écart du grand réfectoire. Au printemps, les fenêtres s'ouvrirent tout naturellement sur l'allée qui séparait ce côté du bâtiment du lycée de garçons. Juste en face de nous, un orchestre d'élèves de seconde s'entraînait à jouer tangos et autres danses encore bien en vogue à notre époque. Le plus beau, Dany, comme nous l'apprîmes très vite, maniait l'accordéon avec toute la grâce de ses seize ans. Il était grand, brun. Ses magnifiques yeux verts s'embrumaient aux accords langoureux de son instrument. Sa mère tenait le Chablis Bar sur la place des Cordeliers. Nous fîmes ultérieurement la connaissance de Francette, sa cousine, qui, elle aussi, était entrée en même temps que moi dans le Temple de la Science Pédagogique. Dany était accompagné de Gérard, de Jean-Pierre et de Maurice, le batteur. Il nous suffisait de préparer des feuilles sur lesquelles nous indiquions les airs que nous voulions entendre pour être satisfaites. « Poéma », « Warum » et les paso-dobles faisaient bon ménage, donnant à ce moment de la journée un air de fête. Nous fîmes bien sûr plus ample connaissance, les dames de la cantine fermant les yeux sur ce qui allait devenir une relation suivie.

Trois de ces garçons allaient bientôt partir pour l'école normale d'Auxerre. J'étais alors en troisième. Je les ai retrouvés deux ans plus tard. Elèves de deuxième année, ils étaient devenus un peu trop assurés et « protecteurs » pour continuer à exercer sur moi le même attrait.

Arrive le jour du concours. Conformément aux accords passés entre parents et enfants, Sylvette ne se présente pas. Je m'oppose à ma mère qui, sur le mode désinvolte, fait mouche une fois de plus : « Passe-le, juste pour voir ! Rien ne t'oblige à y aller par la suite ». Fallait-il être naïve... À l'annonce de mon admissibilité j'ai bien senti le piège se refermer sur moi... « Allez, vas-y ! Tu ne vas pas abandonner maintenant ! Allez ! Pour l'honneur ! Tu n'es pas obligée d'y entrer ». Et mon père, en fin psychologue, de rajouter : « Si tu réussis je te donne cent francs »

Je suis partie à l'oral l'esprit combatif : « OK pour le français mais si je vois que ça va trop bien, je ferai exprès de rater les maths ».

Je me revois encore dans la salle d'examen. Pendant que je préparais mon épreuve, une candidate s'évertuait au tableau à dessiner un demi-cercle difforme. Moi, je savais les tracer parfaitement car je travaillais toujours dans la classe de ma mère pendant les vacances et les week-ends. Je maîtrisais le tableau. J'aimais arpenter l'estrade, face aux tables vides, dans cette odeur de poussière de craie et d'encre qui constituera toute ma vie une de mes madeleines de Proust. J'utilisais toutes les couleurs, je m'entraînais à une parfaite calligraphie. Je savais manier la grande équerre. Je saisissais un torchon que je faisais lentement glisser pour respecter la distance du rayon. Et puis les triangles homologues, les produits remarquables, c'était du gâteau. J'étais trop fière pour paraître ignorante. Enfin et pour comble de malchance, je me vis attribuer pour examinateur le professeur de mathématiques que j'avais eu en classe de troisième. Je ne *pouvais* pas avoir l'air bête devant lui. Il ne m'aurait pas crue.

J'ai été admise.

Je me tiens raide et contrariée, debout sur le perron de l'école normale où les lauréates ont été appelées. Ma mère se dirige vers moi, épanouie, les yeux brouillés de larmes. « Michèle, tu te rends compte, je n'aurai plus à payer tes études ! Et si tu continues à bien travailler, tu bénéficieras d'une bourse pour aller à l'université. Tu pourras devenir professeur, ça ne dépend que de toi. Ton avenir est dans tes mains ». Le piège s'était refermé. Faite comme un rat ! J'avais vu maman trimer au retour d'Algérie. Il avait fallu tout racheter. Mon père n'avait pas retrouvé de travail. Il n'avait pas les moyens d'ouvrir un salon de coiffure et cinquante trois ans, lui disait-on, c'était trop vieux pour être employé. Blessé par cette remarque désobligeante, Papa avait saisi le patron au collet en lui disant : « J'ai encore de la force, vous savez »... J'avais vécu l'angoisse et l'humiliation du chef de famille réduit à dépendre du salaire de son épouse. Mon frère continuait ses études à Marseille et ma sœur allait bientôt passer son bac. J'avais connu sinon la misère, du moins une certaine forme de privation. Je comprenais. La mort dans l'âme, j'ai accepté le marché...Et empoché les cent francs : non mais tout de même !

D'accord : j'irai à l'école normale mais je tiens à poser mes conditions. Plus question de continuer à subir le calvaire des versions latines dont le seul intérêt avait été un rapprochement avec les copains du lycée Jacques Amyot. Pas de problème : on n'enseigne pas les langues anciennes là- bas. Je reprendrai l'allemand que j'avais abandonné en faveur des sciences à mon entrée en seconde C et j'opterai pour la section *littéraire*. Ce choix ne convient pas vraiment à mes parents, qui espéraient en secret voir leur fille devenir ingénieur comme leur aîné. En effet, parallèlement à l'école normale, j'ai été acceptée en première C qui combine latin et mathématiques, dans mon lycée. Cependant, ils transigent car les conditions qui me sont proposées m'assurent un avenir des plus corrects.

L'école normale constituait un ascenseur social pour les familles modestes. Quatre ans d'un enseignement de qualité dispensé dans un climat d'étude idéal. Effectifs réduits, environnement studieux, suivi attentif. En fin de scolarité, un pécule permettant une installation correcte dans un poste. La sécurité de l'emploi dès l'âge de quinze ans. Il suffisait de s'engager à passer dix ans dans l'éducation nationale. Une démission ou une exclusion de l'établissement entraînait aussitôt le remboursement des frais engagés par l'école.

J'éprouve de la difficulté à admettre la triste réalité. À l'école normale, je devrai redoubler la seconde car je suis très jeune. Malgré ce redoublement, je ferai encore partie des sept plus jeunes de ma promotion ! Je n'apprécie guère l'idée de me retrouver à la traîne alors que tous mes amis du lycée passent en première. Le regard des autres... On pensera que je suis une nulle qui a refait son année alors que *je passe en 1è* C ! Un sentiment d'injustice doublé d'une certaine humiliation m'envahit et je décide de prendre ma revanche en m'accordant ce qui pour moi ressemblera à une année sabbatique, « sympathique », comme l'a récemment écrit Méline, une de mes élèves de troisième. Même programme sans latin ni géométrie dans l'espace. C'est le rêve !

Finalement, mes parents acceptent le marché. Je m'inscris en section littéraire. Pendant une année, je fonctionne effectivement sur mes acquis. Je suis une élève très moyenne. J'obtiens 6/20 au premier devoir d'histoire alors que j'ai déjà étudié le programme de la Révolution l'année précédente. Il faudra un temps d'adaptation pour que je me reprenne et donne le meilleur de moi-même. Quand j'aurai compris que seules les têtes de classe obtiennent une bourse pour continuer.

Mon cousin Claude et nous

Premiers contacts

J'ai une nouvelle amie. Pendant l'épreuve d'anglais, je suis installée dans la grande pièce du rez-de-chaussée qui jouxte la bibliothèque et fera plus tard fonction de salle d'histoire, de musique et de dessin. Ayant lu et relu ma copie, je m'ennuie. Une histoire de grotte mystérieuse que, pendant plus d'une heure j'ai arpentée, explorée, dont j'ai fait plusieurs fois le tour et qui, pour moi, ne recèle plus aucun secret. Ni au présent ni au passé. Je jongle avec l'anglais. Je me mets alors à observer autour de moi, ces gens qui triment pour acquérir une position qui, ni ne me tente ni ne me réjouit outre mesure. À quelques tables de là, devant moi, sur la gauche, une candidate retient mon attention. Elle est jolie comme un cœur. Cheveux blonds, ondulés, petite frimousse joufflue. Chemisier blanc aux manches bouffantes. Je la vois de trois-quarts seulement mais j'ai soudain envie de la dessiner. J'adore faire des croquis. Je m'applique à tracer une esquisse d'elle. Soudain, sentant une présence, subodorant une menace diffuse, je lève les yeux. À la verticale au-dessus de moi se dresse, droite comme un I, raide comme la justice, grise comme mon moral et les falaises du port de Douvres, la professeur(e) d'anglais chargée de surveiller l'épreuve. Madame Guyomar confisque mon dessin et me conseille sèchement de me remettre au travail.

J'ai obtenu 17/20 à cette épreuve. J'ai, des années plus tard, retrouvé cette enseignante dont j'étais devenue la collègue. Nous avons alors évoqué l'incident avec beaucoup de chaleur et de bonne humeur.

À la sortie de l'épreuve, je prends mon courage à deux mains et j'aborde la jeune fille. Martine. Ma Titine. Ses yeux verts s'illuminent et un large sourire la rend encore plus belle.

Nous ne nous sommes plus quittées. Déracinées, nous avons affronté ensemble l'installation en internat. Martine abandonnait « dehors », aux mains des Bacchantes du lycée Paul Bert, le beau Bernard aux yeux clairs et à la mobylette orange alors que je pleurais mon éloignement de Dominique. Finies pour elle les allées et venues entre la ville et le collège, lui poussant sa mobylette, elle plaçant sa main sur le siège pour conserver la même allure. Finies pour moi les promenades entre la gare des Migraines et la rue Michelet en empruntant les rues derrière le palais de justice pour plus de tranquillité. L'arrachement : un dernier bisou au coin de la Rue Française, un geste de la main alors que je passe le portail.

Ma sœur avait pour mission de marcher derrière moi pour vérifier que je rentrais bien au lycée avant elle. Cependant, tout en gardant les formes au cas où mon père opérerait un de ses contrôles inopinés dont il avait le secret, elle trouvait toujours un prétexte pour me laisser partir seule.

Une journée de rêverie en attendant la sonnerie de cinq heures où je retrouverai mon Domi m'attendant au coin de la rue et où nous prendrons en sens inverse le chemin de la gare. Le cœur vibrant d'amour partagé, les nuits douces parce que demain, on se revoit avant et après les cours. L'angoisse des vacances qui vont nous séparer. Le téléphone qu'on va utiliser en cachette dans la petite salle de la mairie du village dont mes parents détiennent la clé que je subtilise régulièrement. Hormis ma sœur qui n'en fait pas état, personne ne remarque jamais ces appels furtifs. De l'autre côté, au secrétariat du cabinet médical de Saint-Bris, la maman intercepte les communications, transmet les messages et s'amuse des premières amours romantiques à souhait de son fils aîné.

Fini, tout cela. La page est tournée pour de bon. Nous voilà « normiotes », transformées en élèves peu attirées par la gente masculine puisque nous avons juré ailleurs amour et fidélité. Deux adolescentes démotivées, déprimées par ce nouvel environnement auquel il faudra bien s'adapter. Si nous avions alors abordé la littérature du dix-neuvième siècle, nous aurions pu y découvrir la noble justification des « torrents de larmes » que nous nous complaisions à verser virtuellement. « Un seul être vous manque et tout est dépeuplé »...

Et voilà qu'un monde nouveau, parfois étrange, s'ouvre à nous. Les originalités ne manquent pas et ont de quoi surprendre les néophytes que nous représentons. Dès notre arrivée, nous sommes prises en charge par la promotion de deuxième année. On nous explique que, l'Ecole Normale étant une grande famille, nous allons nous voir attribuer un père et une mère « pédagogiques ».(?) Diable ! « Familles, je vous hais » ne fait pas partie de notre répertoire et nous n'avons nullement l'intention de remplacer, même virtuellement, ce qui est fortement ancré dans notre affectif. Quelle audace que ce grand trait rouge tiré sur notre ascendance !

Nous allons également être affublées d'un « mari pédagogique ». Tout cela se fera par tirage au sort. Moins nombreux que nous, certains garçons étiques et acnéiques reçoivent, à l'instar des héros lumineux des « Mille et une nuits » *deux* femmes pédagogiques. Nous ne sommes qu'en 1965 et le MLF en est à ses balbutiements. C'est ainsi que je dois partager mon époux avec Yvonne, dite

« Biquette ». Le cursus de quatre années implique que nous aurons même des arrière-grands-parents !

Ainsi se crée une ascendance artificielle qui mériterait une sérieuse étude sociologique. Nous constaterons plus tard qu'il ne s'agit pas là d'une initiative spécifique à notre établissement mais que cette pratique s'étend à de nombreuses écoles normales. Ainsi se constitue un réseau visant à inculquer de façon subliminale à tous les jeunes normaliens un réel sentiment d'appartenance qui se transformera plus tard en esprit communautaire, voire corporatiste. Sous des dehors fantaisistes, comiques à la limite du ridicule, l'Ecole de la République réalise de cette façon l'implantation de bases inébranlables. En effet, l'établissement produit chaque année de nombreux couples d'enseignants issus de ce vivier. À l'intérieur même de nos locaux, nous sommes quotidiennement amenées à en faire le constat : sans doute soumis à la même formation, Monsieur et Madame Denise sont respectivement les professeurs de mathématiques des garçons et des filles de même que Monsieur et Madame Nibourel enseignent l'éducation physique. Le mari de notre professeur de lettres s'est spécialisé dans la même matière mais, après quelques années, il a préféré prendre un peu de distance et enseigner dans un autre établissement de la ville. Il apporte cependant à l'école normale une aide ponctuelle. C'est lui qui m'a interrogée à l'oral du concours. Les professeurs de musique forment également un couple. Il arrive parfois, exceptionnellement que des idylles se tissent, en tout bien tout honneur, entre enseignants et étudiants : M. Carrez, le professeur de physique, a épousé une élève de quatrième année qui venait régulièrement lui apporter des petits gâteaux pendant l'atelier cuisine.

À première vue, l'idée de cette filiation fantasque nous paraît assez amusante. Nous possédons la liste des noms de nos homologues masculins mais n'avons aucune idée de leur apparence physique ni de leur personnalité. « *Total Blind Date* »[8]. Il n'est absolument pas question de choisir. Arrière goût de « mariage arrangé » dans l'ignorance la plus complète des jeunes époux. Retour à l'obscurantisme, aux pratiques machistes, à un totalitarisme oriental que nous ne ressentons que faiblement, orientées que nous sommes vers l'aspect ludique de l'affaire. Est-ce bien sain, tout cela ?

Le sort me désigne fille de Josette, petite-fille de Mauricette et d'un homosexuel discret, et enfin femme pédagogique de Daniel surnommé « Coco » parce que son père est gendarme. Coco est le frère pédagogique de Marie-Laure avec qui j'ai préparé le concours au lycée. Bonne vivante, brune et hardie, la jeune fille ne ressemble pas du tout à ce jeune et timide blondinet au duvet naissant. Daniel est également le petit frère, biologique cette fois-ci, de mon ancien professeur de couture avec qui j'ai toujours entretenu des relations très cordiales. En effet, jusqu'à présent je suivais des cours au lycée le samedi car, si ma mère ne m'achetait pas de robes, elle n'hésitait pas à me fournir le tissu nécessaire pour en fabriquer. Encore une manœuvre pédagogique efficace ! Cette activité menée en « extra » valorisait mes talents de créatrice. Elle me permettait par ailleurs de rester en ville le samedi après-midi pour rejoindre mon copain l'espace d'une demi-heure avant de retrouver mon père au coin du palais de justice.

Fini, tout cela ! Encore une fois, le couteau dans la plaie...

Martine reçoit pour « époux » Paul. Bonne pioche : il est beau comme un dieu, intelligent, posé. Cependant, comme nous le savons, le cœur est ailleurs, brisé. Pour le moment.

---

[8] Jeu qui apparaîtra beaucoup plus tard à la télévision.

Cette tradition pédagogiquement familiale remontant à des temps immémoriaux obéit à une règle stricte: celle qui sort avec le mari d'une autre doit faire publiquement pénitence en se rendant « à Canossa » apporter à l'épouse « trompée » la délicieuse tartelette aux abricots servie au menu du mardi midi. Elle traverse alors le réfectoire sous les applaudissements de toute la salle. Discrétion assurée.

Certaines « épouses » reçoivent souvent des tartelettes car notre école normale d'instituteurs recèle quelques spécimens particulièrement séduisants...En fait, nous disposons d'un large choix : grands dadais arborant fièrement une esquisse de duvet, boutonneux, vilains petits canards qui, de semaine en semaine, se transforment en superbes cygnes... ou en teigneux coquelets. Le petit frère (biologique) d'une de nos surveillantes, le grand « Poux » pour ne pas le nommer, rapporte à sa femme pédagogique de quoi ouvrir un commerce. De son côté, cette dernière ne se gêne pas pour les repasser aussitôt à d'autres épouses délaissées mais ravies de doubler leur dessert du mardi. Nous, les jeunettes, les cadettes de l'équipe de basket, portons une admiration sans bornes à nos resplendissants arrière-grands-pères pédagogiques devenus des hommes, des vrais.

La première sortie, un soir de ciné-club, nous donne enfin l'occasion tant attendue de découvrir qui est qui. Dès ce premier contact, un échange de tartelettes très actif se met en place dans le réfectoire. Les « grands » des autres promotions jettent leur dévolu sur les jolies petites poulettes de grain qui, honorées, se laissent plumer avec le plus grand bonheur.

D'autres amitiés particulières se forment parfois à l'intérieur de la promotion, provoquant d'incontrôlables psychodrames. C'est que, chez les filles, nous avons aussi des caractères ! Sur les rayons de la grande bibliothèque, nous découvrons Peyrefitte et apprenons à surmonter nos préjugés et à pratiquer la tolérance. Pas facile, cependant. Nous avons toutes été soumises à une éducation judéo-chrétienne qui nous renforce dans le rationalisme exacerbé de notre esprit d'adolescentes.

Il se pratique, dans les couloirs de l'école, d'autres coutumes non homologuées mais bien établies. Pendant la première année, les deux établissements sont séparés. Cependant, les garçons partagent le bloc scientifique situé dans nos locaux. Cet arrangement entraîne un chassé-croisé des classes dans le long couloir qui longe toute l'aile gauche du bâtiment. Dans l'anonymat de leur blouse grise, les normaliens doivent passer devant l'une des portes du parc sur le perron de laquelle est suspendue une cloche. Chaque année, une élève de première année reçoit la consigne de surveiller l'heure et d'aller sonner la cloche à la fin de chaque cours. Cette année-là, c'est moi, « la cloche ». C'est très amusant car je peux en toute innocence feinte rallonger un cours ou le raccourcir en fonction de l'intérêt qui lui est porté. Le blâme en revient évidemment à ma montre. Parfois, la séance m'intéresse mais je reçois de vifs signaux des copines et je me lève au grand étonnement du professeur qui, cependant, laisse faire si l'écart n'est pas trop important.

La tradition veut que « La cloche » soit, par ailleurs, chargée d'une mission bien plus délicate. En allant déclencher la fin de l'heure elle croise inévitablement les groupes de garçons venus suivre les cours de science. Elle doit alors jouer le rôle de facteur. Elle reçoit des lettres et en distribue à son tour, sous le manteau. Discrète, elle est mise au courant de toutes les idylles et fait le bonheur de son entourage. Ainsi se font et défont sous ses mains les amours normaliennes.

Le courrier de la poste est source d'espoirs fous et d'angoisses lorsqu'on vit en vase clos. Avant d'être mises à la disposition des élèves sur une petite table située à l'entrée du parloir, les lettres venues de l'extérieur sont contrôlées par la Direction. Par décision du Rectorat, il a fallu fournir à l'école une liste des personnes autorisées à correspondre avec nous. Cette sélection a été soumise aux parents qui doivent donner leur accord. Evidemment, Dominique a de bon cœur accepté de contresigner du nom de sa sœur Hélène qui, elle, pouvait être homologuée. J'avais préparé le terrain, mentionnant à plusieurs reprises la petite fille au retour du lycée. Hélène était en cinquième et se réjouissait de m'avoir pour « belle-sœur ».

Il en est de même pour un bon copain du village, interne au Mans, que j'ai dû rebaptiser du nom d'une ancienne camarade résidant dans cette ville. Un jour, Jean-Jacques rencontre, par hasard, dans une soirée, Michèle Tuduri dont il a usurpé l'identité. Ce soir-là, l'ombre de la jeune fille se matérialise enfin et prend figure humaine. Je tiens particulièrement à cette correspondance car Jean-Jacques trouve toujours quelque chose d'intéressant à écrire et, par-dessus le marché, il me donne des pistes pour alimenter mes dissertations. C'est un littéraire, un poète comme on n'en fait plus. Et un révolté qui fera ouvertement le mur le soir du bac pour être définitivement radié de l'école militaire où son père l'avait inscrit malgré lui. Enfin, à quinze ans, Jean-Jacques présente déjà toutes les qualités d'un gentleman.

Le courrier arrive pour la récréation de dix heures. C'est à « la cloche » de trier les lettres pour sélectionner puis distribuer celles de sa promotion. Angoisse les veilles de sortie : un message glissé dans une petite enveloppe grise me fait savoir si je retrouverai ou non Dominique le jeudi, là-bas sous le porche, entre la cathédrale et la préfecture, à la sortie du stade si je dois jouer un match ou au Parc de l'Arbre sec où c'est lui qui s'entraîne au rugby. Je reconnais de loin la carte de visite que j'ai fait imprimer à son nom en cadeau de Noël.

Le parloir constitue également un lieu de rencontres mémorables. Je suis officiellement reconnue par la maman de Dominique qui vient m'apporter des chocolats et des petits gâteaux. À cette occasion, je soigne mon apparence. Il faut faire bonne impression à cette dame qui, beaucoup plus jeune que mes parents, a accueilli favorablement notre innocente idylle. Je dois porter une blouse. J'en emprunte une plus jolie que la mienne à une amie et Martine me prête ses délicats escarpins de daim bordeaux à petits talons et ornés d'un nœud. Assise au fond de la classe, Zig rigole tout ce qu'elle sait en me voyant me préparer. Elle a depuis longtemps dépassé le stade des amours de gosses et se charge de me prédire la fragilité de la bulle que je tiens à bout de bras.

Très vite s'installe une routine : nous « décalons[9] » le samedi pour revenir, la mort dans l'âme dans les premiers mois, heureuses par la suite, le dimanche soir. Mes parents me ramènent en voiture. Toute la jeunesse bavarde sous les lampadaires devant l'école. Certains se font tendrement leurs adieux dans la pénombre de la rue des Charmilles qui, heureusement, est en sens interdit et donc peu fréquentée par les parents qui utilisent les grands axes pour ramener au bercail leur progéniture. Pendant que Papa attend en face, Maman m'accompagne jusqu'à l'intérieur du parloir. Je me poste en haut des marches intérieures, sur la pointe des pieds, observant la rue. Dès que la 403 disparaît, je dévale les quatre marches qui me séparent de la lourde porte et sors rejoindre mes amis sous l'œil compatissant de la surveillante.

---

[9] Nous partons en week-end.

À la maison, tout est interdit, contrôlé, balisé et je me sens soudain plus libre et bien mieux dans ma peau dans cet internat dont j'appréhendais si fort les règles. Chez moi, je dois tricher pour obtenir la moindre faveur. Je me fabrique des sandwiches gargantuesques et subrepticement, je vais jeter des baguettes entières aux lapins pour pouvoir me rendre au village acheter du pain les matins de week-end ou de vacances. Ma soeur Francette, ma copine Brigitte et moi-même passons notre temps à élaborer des scénarios invraisemblables pour nous retrouver une heure ou deux au petit pont, en bas de la grand-rue, à l'entrée de Perrigny. Plus jeunes et plus ouverts, les parents de Brigitte nous couvrent. Notre camarade est une adolescente de toute beauté : interminables cheveux bruns rassemblés en une longue natte, yeux verts rieurs, sourire moqueur en toute occasion. Avec cela, un caractère bien trempé qui déclenche de nombreuses crises à la maison. Alors Brigitte se réfugie dans sa chambre, sous son édredon, jurant et promettant de prendre la poudre d'escampette à la première occasion. Son ami d'enfance, Michel, lui voue une admiration sans bornes. Ils se marieront et, si tout ne va pas toujours pour le mieux, ils se seront au moins donné le meilleur d'eux-mêmes avec toute la fougue de leurs jeunes années.

Bernadette est la sœur du petit ami de Francette. Grande fille très séduisante et spirituelle, elle anime de ses réparties pleines d'humour les conversations qui se tiennent régulièrement dans le petit groupe qui se constitue le soir, au bord de l'eau. Elle va elle aussi entrer à l'école normale, à Evreux. Éloignement rédhibitoire : elle aussi trouvera chaussure à son pied dans le vivier des normaliens de sa promotion…

Ma voisine et camarade de classe Sylvette, quant à elle, nous offre régulièrement l'occasion d'aller faire un tour en nous proposant de l'accompagner promener

« Pussy », son cocker noir. Mes parents n'osent alors pas refuser la permission à la fille de leurs collègues. Direction « le petit pont »...

Enfin, il arrive à Madame Guibert, la femme du maire, notre voisine, de nous prêter sa bicyclette et même de faire le guet pour permettre à ma sœur de bavarder un peu avec son petit copain, derrière chez elle. La sévérité des parents est légendaire. Le village comprend notre frustration et y compatit.

L'entrée à l'école normale ne nous séparera pas pour autant. Nous continuerons à nous retrouver aux week-ends et aux vacances. Nos amies se sont éloignées mais reviennent à l'occasion de célébrations diverses. Joyeuses retrouvailles au cours desquelles nous commentons nos apparences sans la moindre aménité, voire avec un soupçon d'envie : Brigitte est toujours aussi belle, Bernadette vive et moderne, Jean-Jacques spirituel sous des dehors bourrus. Nous conservons un moral d'acier car nous avons bien rempli notre vie et continuons à en tirer le meilleur parti.

Brigitte, Pussy et moi

L'installation

Le collège Denfert-Rochereau, le lycée, revêtaient pour des élèves externes ou demi-pensionnaires, un caractère assez impersonnel. Sitôt les cours terminés et les grilles fermées, chacun retournait chez soi retrouver sa famille. À l'école normale, nous entrons dans un monde très différent où nous vivons une routine bien spécifique. À notre grand étonnement, le week-end va bientôt faire figure d'intrus.

La nouvelle promotion est installée dans la première salle de classe, au rez-de-chaussée, ouvrant sur le couloir qui fait face au bureau de Madame. Madame, c'est la « cutchine », la directrice, digne dame aux cheveux noirs savamment tirés et retournés vers l'intérieur, « en toile de tente » disent les anciennes. Elle rappelle un peu la Castafiore, en brune. Cela dit sans aucune malveillance. La ressemblance se situe au niveau du menton et du sourire. Madame respire la dignité et impressionne très fort son entourage. Maîtrise de soi en toute occasion. Grande capacité d'écoute. Gentillesse et fermeté. Grande classe.

De temps à autre, l'une d'entre nous est convoquée dans le bureau de Madame. Quel que soit l'objet de la visite, les élèves perdent leurs moyens à leur entrée dans le sanctuaire. Je ne pourrai moi-même m'empêcher de réprimer un tremblement quand, professeur certifié, j'irai, bien des années plus tard, saluer mon ancienne directrice.

Un matin, à l'heure de la récréation, Marie-Laure reçoit l'ordre de se présenter devant Madame avec deux de ses camarades de classe. Aucune équivoque : elles ont toutes trois obtenu une note plutôt médiocre au devoir de mathématiques. Les voilà devant la lourde porte qui leur paraît immense et menaçante. Elles voudraient ne pas entendre l'injonction qui leur est donnée : « Entrez ! ». Elles ouvrent timidement la porte et s'apprêtent, prises de « stupeur et tremblements », à pénétrer dans ce qui va devenir lieu de torture morale. Soudain, la sonnerie du téléphone retentit. Elles sursautent. Surpris par l'entrée des jeunes filles doublée de la stridence de l'appel, l'énorme matou noir qui se prélassait sur le radiateur fait un bond spectaculaire qui fausse sa trajectoire et le fait atterrir, effaré, ébouriffé, écartelé, sur le sol. Incapable de se contenir, Marie-Laure est alors prise d'un fou rire quasi hystérique qu'elle transmet aussitôt à ses camarades, libérant ainsi le trop-plein d'adrénaline amassé pendant les minutes précédentes. Devant ce spectacle, Madame ne peut s'empêcher de sourire.

Bonne entrée en matière qui détend l'atmosphère et rend l'échange moins indigeste. Madame possède en effet, elle aussi, le sens de l'humour.

Suivent en enfilade les salles de deuxième et de troisième année. Tout près de nous, au début du couloir, un placard a été réquisitionné pour faire office de confiserie. À la récréation, nous nous précipitons pour acheter des fraises en pâte de guimauve que nous laissons doucement fondre dans la bouche pendant le cours d'anglais de Zinzin à la barbe de velours et aux doux yeux verts. Aux alentours se répand une forte odeur de fraise chimique… En cours de français ou de maths, on n'oserait pas. Pas question de participer la bouche pleine ! Dans la classe, je me suis installée tout devant avec Martine. C'est ma façon de contribuer à une bonne mise en train. Je sais que si je m'éloigne de l'estrade du professeur, je m'accorderai des libertés néfastes à l'étude. C'est l'expérience qui parle. La tentation est grande de m'exiler au fond de la classe mais je me force à occuper le premier rang. Masochisme ou simple mesure de prudence. Il faut savoir combattre ses démons !

De l'autre côté du passage, Françoise et Nuria. Nuria... Toute une histoire : major de promotion, elle excelle dans toutes les matières. En maths, en anglais, en français, en sport, en tout, quoi. À vous dégoûter de faire des efforts. On pourrait penser à d'autres travers qui viendraient rétablir l'équilibre des forces. Mais non. Pour compléter le tableau, elle est sympathique, serviable, pas assez jolie ni délurée pour s'immiscer dans les intrigues amoureuses et constituer une rivalité. Ça finit par agacer, autant de perfection ! Lorsque commence le tout premier cours d'espagnol, ses camarades se réjouissent en pensant tout bas : « Enfin une matière nouvelle dans laquelle nous partons toutes sans le handicap habituel ». C'est alors qu'elles entendent la jeune fille déclarer modestement, dans une langue harmonieuse et chantante, parfaitement maîtrisée : « Soy Española ».

Nuria ne nous épargnera rien : lors de la réunion des anciens, dix ans plus tard, elle arrivera, méconnaissable, svelte, vêtue d'un jean moulant, un rien sophistiquée : juste ce qu'il faut pour devenir une beauté !

D'autres personnalités se détachent rapidement dans notre classe. La plus marquante sera Zig. Ce surnom qui lui est attribué parce que son nom de famille est « Gomard » lui va à la perfection. Grande fille bâtie comme un camionneur, elle a bien deux ou trois ans de plus que nous, les « cadettes » de l'équipe de basket. Cheveux courts, visage très vif qu'elle arrive à rendre totalement inexpressif et stupide quand elle veut jouer le personnage de l'élève « débile », elle possède de réels talents dramatiques. Elle change de voix, imitant tel ou tel professeur. Elle adopte, à la commande, des registres de langue adaptés au personnage qu'elle veut représenter. Elle raconte tellement de blagues qu'on ne sait jamais si elle plaisante ou si elle est sérieuse. Ayant apparemment hérité des talents de son oncle, l'humoriste Jean-Marc Thibault, elle nous sert à tout bout de champ des plaisanteries hilarantes. Elle nous apprend des chansons de troufions ou de charretiers que nous chantons à tue-tête dans la salle de bain commune, face à nos miroirs, en nous brossant les dents. Au coucher, elle nous rassemble au fond du dortoir et nous raconte des blagues désopilantes. Plus elles sont douteuses, plus nous rions car l'accent, le ton, le geste, viennent enrichir la prestation. Je me souviens de l'histoire du monsieur qui veut acheter une boîte de cul d'éléphant. Quand il ouvre la boîte, il ne trouve rien. Il la rapporte donc au magasin où on lui explique : « Mais enfin, Monsieur, c'est NORMAL. Vous êtes tombés sur le trou ! »

Zig, c'est le bol d'air frais, la part de transgression indispensable dans notre milieu studieux et bien-pensant. Un soir, elle suggère d'aller un peu plus loin dans la fête. Elle disparaît avec une autre copine audacieuse. Au bout d'un moment, toutes deux reviennent en courant et en riant, tenant sous le bras des bouteilles de vin chapardées dans la cave d'Élise. Personne ne buvait : c'était le geste qui comptait. Le titillement de l'interdit. À cette occasion, nous avons poussé nos lits à l'extérieur des boxes pour nous retrouver entassées au beau milieu de l'allée. « Action, réaction » matérialisées par l'intervention immédiate de la surveillante plus inquiète des représailles d'Élise que mécontente de notre initiative.

La meilleure amie de Zig est apparemment tout son contraire. Discrète et posée, Yvonne, dite « Biquette », accompagne cependant partout notre énergumène, la protégeant tout en se délectant de ses réactions spontanées et totalement dénuées de complexes quelle que soit la situation. Se promenant un jeudi après-midi dans la rue du Temple, Zig aperçoit un jeune homme qui sort de chez le fleuriste un bouquet à la main. Elle se plante devant lui et le dévisage avec l'aplomb que nous lui connaissons. « Fallait pas ! » Lui dit-elle. « C'est mon anniversaire aujourd'hui, mais vraiment, fallait pas ! »

Éberlué, le passant lui tend le bouquet. À son tour surprise par la réaction courtoise de ce « gentleman », elle s'en empare et prend ses jambes à son cou, emportant vers l'école, serré contre son cœur, cet hommage inattendu.

Parfois les aventures prennent un tour plus délicat : un soir de spectacle, Zig et sa belle équipe décident de dévier quelque peu de l'itinéraire prévu pour se rendre au théâtre. À dix heures du soir, la joyeuse compagnie est occupée à danser bruyamment la Carmagnole sous la tour de l'horloge quand apparaît au bout de la rue l'imposante Élise flanquée de la toute menue Marie-Noël[10]. Arrêt sur image. Mode silencieux. Décor figé sur un bras levé, un jupon retroussé, une bouche ouverte ou des yeux hagards. Gros plans successifs sur un œil perçant, un doigt vengeur, une bouche pincée, une épaisse babine velue qui se relève lentement, découvrant un rictus sinistre et une canine vengeresse. D'un sombre recoin de la tour Cadet Rousselle où il s'était tapi dans le plus grand secret vient de surgir le chien des Baskerville, que dis-je...le dernier dinosaure ! Lent travelling sur les spectateurs éberlués. Tumulte muet du tambour de la guillotine résonnant, rythmé, inexorable, au plus profond des esprits. Soudain, changement de rythme et, en vitesse accélérée, retour à l'école au pas cadencé, sans autre forme de procès... Pour le moment !

Fidèle cliente d'un bar situé au centre ville où se retrouve régulièrement, le jeudi, le petit groupe de ses

---

[10] Poétesse bourguignonne hébergée par Elise à l'école normale.

disciples, Zig s'est fait surnommer, peut-être à sa propre suggestion, « La folle de chez Haillot »[11]. Alain, élève de première année de notre section littéraire, s'est très vite accoquiné avec Zig en qui il a détecté un extraordinaire potentiel. Lui aussi possède cette faculté innée de transgresser avec art les interdits. Ils reviennent tous deux, le soir, bras dessus bras dessous, épuisés de rires. De vraies joutes se mettent en place, encouragées par une horde de supporters au bord de l'hystérie. C'est à celui qui parlera le plus fort pour convaincre l'autre qu'il a tort.

Tous deux font la joie de la promotion.

Alain garde à son actif quelques hauts faits qu'il est important de rappeler. Ayant reçu une remontrance au sujet de son épaisse tignasse noire, il se présente le lendemain teint en blond platine. À la suite d'un pari, il arrive un matin en cours vêtu de son pyjama. Protégé par sa longue blouse grise, il aurait pu passer inaperçu. Cependant, il trouve le moyen de se faire interroger par le professeur de mathématiques qui l'invite à venir terminer un exercice au tableau. Imperturbable, Madame Denise laisse notre Alain mener sa démonstration et retourner à sa place avec toute la dignité que lui confère son attirail. Une fois de plus c'est le public qui se trahit, incapable de garder son sérieux. C'est donc à nous qu'elle s'adresse en fin de cours pour obtenir une explication.

Heureusement, elle aussi avait le sens de l'humour.

Ce jour-là, Alain avait parcouru dans cet accoutrement le chemin qui menait de l'avenue Pasteur où se trouvait l'école de garçons à notre établissement situé deux rues plus bas.

Il est de tradition de « faire le mur » au moins une fois dans sa scolarité quand on vit dans un internat. Personne,

[11] « Haillot » est le nom du propriétaire du bar.

chez nous, n'en ressent vraiment le besoin car nous sommes libres de sortir et obtenons toutes les permissions pour un bon spectacle ou un film. Il suffit de rédiger une lettre où nous « sollicitons de Madame la plus haute bienveillance ».

Cependant, il faut passer par cette transgression ultime. C'est bien sûr Zig qui organise l'expédition. Elle y est habituée et tient tout particulièrement à assister ses camarades néophytes dans leur parcours initiatique.

La sortie se fera par la cour qui donne derrière le réfectoire, du côté du parc. Le long du mur, on a installé des poteaux télégraphiques équipés de renfoncements qui ressemblent à des marches. Ce sera du gâteau. Un soir, alors que tout dort, une bonne moitié de la classe se dirige sur la pointe des pieds hors du dortoir. Les garçons attendent de l'autre côté, dans la rue Auguste Michelon. Eux aussi ont fait le mur et ils veulent vérifier si les filles ont bien osé mettre en œuvre leur audacieux projet.

Il n'y a pas grand-chose à faire en ville ce soir-là. Le groupe ira donc en boîte à Chitry, autre fief de Zig. Nous sommes au début de la quatrième année et plusieurs garçons disposent de voitures. Ce soir-là, Francis, dit « Callaghan », réussit à convaincre la petite normalienne en kilt d'oublier son chagrin d'amour pour se tourner vers lui. D'autres couples se feront, confirmant le dicton selon lequel « qui se ressemble s'assemble ». Instituteurs liés pour la vie… Ou presque.

Les normaliennes prennent goût aux sorties nocturnes. Le père de Biquette est serrurier. Innocemment, il fabrique pour sa fille un duplicata de la clé donnant accès à la salle de cuisine. Désormais il est facile d'entrer et de sortir à toute heure de la nuit. Selon un planning bien établi, la dernière rentrée devra refermer la fenêtre.

Les garçons bénéficient d'un régime beaucoup moins contraignant. Les sorties nocturnes sont monnaie courante. C'est ainsi que nous perdons notre premier camarade parti en « virée » nocturne sur sa moto. Un autre devra quitter l'école normale pour s'engager dans la légion à la suite d'une échauffourée avec la maréchaussée auxerroise. Devinez quoi ? Il est devenu colonel...

Notre Zig nous a quittés très tôt, terrassée par un cancer. Elle était devenue directrice d'un établissement spécialisé. Elle a su plus que toute autre donner le meilleur d'elle-même pour apporter son soutien aux enfants en détresse. Jusqu'au bout elle a montré sa joie de vivre et son acharnement à retenir le bonheur.

Alain est inspecteur dans notre académie. Il ne renie pas non plus ce passé heureux, comme l'auraient fait bon nombre de messieurs sérieux et distingués que nous côtoyons quotidiennement dans ce qui est devenu l'IUFM de Bourgogne.

Tranches de vie

La vie s'organise doucement. Il faut s'essayer à toutes les options avant de faire un choix. Une institutrice doit être polyvalente et, si les temps ont changé, il n'en reste pas moins qu'elle doit maîtriser toutes les compétences d'une parfaite épouse afin de les mettre en œuvre dans son ménage avant de les transmettre à ses élèves.

Je sais coudre mais je ne suis pas méticuleuse. Je bâtis à la va-vite et je ne couds pas les boutons comme il se doit. Le lundi après-midi, le professeur nous apprend à faire des ourlets bien propres, à monter des boutonnières et à réaliser le point de Venise. Ce n'est pas la gloire pour Martine qui semble fonctionner avec des gants de boxe. Je brode assez bien, Martine Delagneau, « l'autre Martine », réussit bien les ourlets, Elizabeth, surnommée « Topy » parce qu'elle est un peu myope, semble quant à elle complètement hermétique à toute activité manuelle... Cependant, nous nous entendons bien, toutes les quatre, et nous décidons de nous organiser. Le cours de couture se déroule dans une atmosphère calme est agréable : nous pouvons parler à voix basse, plaisanter. Je retiens le souvenir d'une salle écrasée de soleil, de mes doigts moites glissant difficilement sur l'aiguille. Dans mes moments perdus, je fabrique des vêtements pour les poupées d'une des petites sœurs de Dominique. Je m'applique. Je m'essaie aux vestes, aux pantalons. Peut-être qu'inconsciemment, je veux montrer à la maman de mon chéri que je pourrais devenir une épouse accomplie...

Le professeur entretient avec nous une relation quasi-amicale. Nous avons accès à une autre salle située au fond du grand couloir car nous devons ouvrir les coutures, les laver et les repasser pour rendre un travail impeccablement soigné avant de passer à l'exercice suivant.

Notre quatuor a choisi l'activité « marionnettes » le samedi après-midi. C'était ça ou la cuisine.

Topy et Martine Delagneau forment un duo inséparable, semblable au nôtre. Nous décidons de nous associer dans toutes les activités nécessitant un regroupement. C'est le cas pour les marionnettes. Nous y retrouvons Jojo, très jolie fille qui me rappelle Anouk Aimée. C'est l'amie de Mauricette, petite brune souple comme une liane et très conviviale, Tommy, Lucile, qui se voyaient mal coupant les oignons et faisant frire je ne sais quoi, Marie-Laure, Marie-Claude, Christiane alias « Stick », ainsi surnommée car elle est maigre comme un clou. Madeleine, notre instructrice, est une maîtresse d'application de l'école annexe. Dès le premier cours, elle nous embarque dans une aventure qui consiste à préparer le spectacle de Noël pour les élèves du primaire.

Nous optons pour le conte intitulé « Le singe, le tigre et le brahmane ». Les marionnettes seront réalisées en papier. Personnellement, je joue le rôle de l'oiseau que je dois percher sur une tige flexible. Les plumes seront des morceaux de papier crépon de différentes couleurs que j'aurai fait boucler à l'aide d'une lame de couteau. Il faut coller une à une les ailes, sur un côté seulement. L'effet est saisissant.

La technique ne s'acquiert pas facilement. Nous faisons pousser nos personnages comme des fleurs. Nous les plongeons sans pitié vers les profondeurs du castelet alors qu'ils devraient arriver ou disparaître par les coulisses, du pas serein d'êtres normalement constitués. Il n'y a jamais assez de place pour nous toutes dans l'espace exigu situé sous la scène. Bousculades, éclats de rire intempestifs, bref, « va y avoir du boulot ». Enfin, nous exagérons nos gestes au lieu de mimer exactement, à petits pas, ce qui devra être vu. En conséquence, nos personnages bondissent et se cognent, le tigre se transforme en guignol et le brahmane en gendarme éméché alors que mon oiseau exécute des vols planés dignes d'un Mig. Nous pouvons en parler, des Migs : la guerre des Six Jours est encore fraîche dans nos mémoires.

Notre formatrice fait alors intervenir un marionnettiste averti, un Monsieur de Paris qui ressemble à un personnage de Balzac avec son petit bouc, sa calvitie naissante, ses cheveux gras qui s'étalent en boucles noires sur une chemise blanche à col ancien fermé par un foulard de cachemire. L'énergumène sautille sans arrêt et nous rappelle ces acteurs de vaudevilles du début du siècle. Ce qui nous intéresse le plus dans son attitude, c'est la cour assidue qu'il fait à sa collègue. Il la submerge d'une logorrhée de louanges. Il lui donne du « Chère Madeleine » bien accentué sur la première et la dernière syllabe. Il l'assiège, pattes blanches velues et manucurées en avant, impatient comme une mouche autour d'un pot de miel. Sous prétexte d'imiter tel ou tel personnage, il lui fait des révérences, s'agenouille devant elle qui lui sourit avec indulgence.

« N'en jetez plus ... Le message est passé... »

Les suggestions, les pronostics, vont bon train : il y aurait peut-être, se dit-on derrière le rideau, une histoire d'amour entre la belle institutrice brune aux yeux clairs et le petit marionnettiste... Mais non, elle est trop bien pour lui ! Les fantasmes entretiennent le moral du groupe : on les imagine, on imite la fougue désordonnée et grotesque du petit bonhomme, le dédain poli de sa belle, on éclate de rire…

Le monsieur reviendra mais il aura vite perdu de son aura face à notre Madeleine au patronyme poétique[12] dont la grâce et la distinction dépassaient largement celles de l'artiste émoustillé.

À bien y réfléchir, notre pétulant marionnettiste tenait certainement plus de l'homosexuel que de l'amoureux transi. Mais pour nous en rendre compte, il fallait un certain recul dont nous ne disposions alors pas.

Madeleine nous fait accéder au stade supérieur : nous devons à présent fabriquer de vraies marionnettes à l'aide d'une longue cuiller en bois que nous habillerons. Nous progresserons en élaborant nous-mêmes les poupées des prochains spectacles selon notre idée. On me donne de l'argent et une permission de sortie en ville pour aller choisir moi-même le matériel du prochain spectacle. Je n'en crois pas mes oreilles. Jamais mes parents ne m'auraient accordé leur confiance de cette façon ; ma mère m'accompagnait toujours lorsque j'allais choisir le tissu de mes robes ou de celles que je cousais pour ma sœur.

Un soir, on nous donne l'autorisation de nous rendre au théâtre voir un époustouflant spectacle de marionnettes sur la musique de « L'enlèvement au sérail » de Mozart. Il s'agit d'une technique tout à fait différente de ce que nous connaissons. Manipulant les poupées avec des fils du haut de la scène, les artistes parviennent à faire courir et danser leurs marionnettes comme s'il s'agissait de personnages réels. Petit page enturbanné qui déroule à toute vitesse un tapis. Rouges et ors, tissus chatoyants, les Mille et une Nuits. Nous en revenons éblouies.

---

[12] Rimbaud…

L'activité marionnettes se tient dans les combles de l'établissement. Nous disposons de tout le grenier pour étaler nos feuilles, les découper, et pour nous entraîner à nous déplacer en manipulant parfois de très grandes figurines.

Nous avons représenté la chanson de Mandrin en utilisant cette technique. Nous avions alors construit de magnifiques poupées hautes d'un mètre et vêtues de velours et de dentelles. Je les ai retrouvées vingt ans plus tard, alors que je venais aider ma fille, alors âgée de huit ans, à préparer le spectacle de l'école annexe dans les greniers de L'IUFM. Coup au cœur. Leurs grands yeux, leur large bouche souriante semblaient considérer avec amusement toutes ces années qui m'avaient transformée, parfois torturée, alors qu'elles étaient restées là, préservées, intactes, intouchables, au fond du vieux placard. Temps immuable et temps fugace. Le souvenir surgissait du passé, vivace, poignant. Tout me revenait : la complicité, la chaleur et, il faut bien le dire, le bonheur. Enfin une constante, une ligne stable dans l'espace chaotique qu'était devenue ma vie.

Nous nous accordons de temps à autre des périodes de détente. Ayant bien sûr fouillé de fond en comble les placards du grenier, nous découvrons un jour, par hasard, la correspondance intime de Madame…. Les lettres sont retenues par un petit ruban de soie rouge. Nous hésitons, discutons. Nous n'avons pas le droit de nous immiscer ainsi dans la vie privée de quelqu'un… Cependant, la tentation est trop grande de vérifier si, derrière la façade parfaitement lisse et impersonnelle de notre directrice, bat vraiment un cœur de chair et de sang. Nous transgressons une fois de plus lorsque l'une d'entre nous suggère, comme si elle proposait une solution plus acceptable, moins répréhensible : « Ok, mais surtout, il faudra bien remettre le ruban… ». Sans le moindre scrupule, nous donnons alors libre cours à notre curiosité.

Scoop : Madame avait un soupirant.

Le soupirant de Madame était un gentleman. Il nous a donné une leçon de courtoisie. Il aimait comme un fou sa Gente Dame qui ne le lui rendait pas. Honteuses bien que tout de même un peu déçues, nous replaçons le ruban. Nous aurions apprécié plus de compréhension, voire un rien de passion de la part de celle qui, nous le savions à présent, n'était pas célibataire par manque de partis. Nous ne possédons pas toutes les données. Peut-être était-elle attachée à un autre, plus ténébreux, inaccessible ? Peut-être avait-elle, comme Élise, perdu son grand amour à la guerre ? Peut-être n'était-elle tout simplement pas sensible à l'attrait d'un homme ?

Pourtant, il ne manquait pas de poésie dans les missives que nous avions profanées avec toute l'audace de notre adolescence.

Sur les lieux mêmes de notre méfait résidait une autre artiste que nous voyions passer, avançant tout de noir vêtue, toute menue, à petits pas dans le jardin de l'école. C'était Marie-Noël. Vivant dans la pauvreté en dépit des textes et poèmes magnifiques qu'elle avait produits, elle avait été recueillie par Élise qui veilla affectueusement sur elle jusqu'à son dernier jour. Avec gentillesse, Marie-Noël recevait les élèves désireuses de mieux la connaître. Elle répondait à nos bonjours par un petit signe de la main. Elle faisait partie de notre décor qu'elle enrichissait spirituellement de son savoir, son amitié et son esprit de tolérance. Nous représentions pour elle l'avenir et l'espoir. Elle était pour nous un modèle.

Nous avons toutes été rassemblées devant la grande grille le jour où elle nous a quittés. Nous lui avons fait une haie d'honneur. Dans un silence respectueux, nous avons salué le cercueil de cette petite bonne femme qui ne fut vraiment reconnue qu'après sa mort. On peut à présent voir sa statue au centre de la ville et son nom sur la façade de nombreuses écoles.

La tyrolienne à Merry/Yonne

Les Nibs

Ils sont tous deux vifs et de petite taille. On les imagine le matin au lever : allez ! Échauffement : hop hop le café et hop hop la salle de bain et hop hop on s'habille. Je sors l'auto pendant que tu fermes. Professeurs d'éducation physique. Lui chez les garçons, elle chez les filles. Purs produits de l'Ecole de la République, ils n'apprécient guère les rejetons des établissements privés venant parfois compléter les listes supplémentaires. Et vous pouvez me croire : avec les Nibs, c'est autre chose qu'au lycée ! La gym, c'est de la gym !

Jusqu'à présent je n'ai jamais fait beaucoup d'efforts en éducation physique. Je m'invente mille excuses. J'ai décidé une fois pour toutes que j'étais nulle en sport. Comme ça ne fait pas partie des matières fondamentales, ma mère qui, elle non plus, n'a jamais été portée sur cette activité, n'hésite pas à confirmer par écrit mes élucubrations les plus folles lorsque je n'ai pas envie d'aller courir ou plonger, par tous les temps, dans cette piscine en plein air. « Du moment que tu travailles bien en maths ! »

Je découvre avec horreur qu'il va falloir changer de rythme. Ici, impossible de simuler. Par ailleurs, l'internat rend impossible toute médiation maternelle.

De temps immémorial, les vestiaires ont été des endroits de relâche : on prend son temps, on se masse les pieds, on papote, on vérifie si on a pris un gramme, on compare son petit linge ou ses nouvelles chaussettes, on fait exploser un bouton d'acné... Ici, nous disposons de « cinq minutes-pas-plus » pour ôter nos vêtements et enfiler en toute hâte le justaucorps bleu marine dans lequel nous évoluerons obligatoirement. Avec ce qu'elle nous fait transpirer, on a intérêt à l'emporter chez soi le week-end sous peine de sentir le bouc toute la semaine qui suit. La séance du lundi commence après le cours d'histoire. Or, nous devons toujours compter avec une perte de temps car le professeur nous fait continuer à engranger la Révolution Française, ses dates, ses causes et ses conséquences bien après la sonnerie. Quand ce n'est pas de la géographie et le nombre de roues de bicyclettes produites par le Japon avant la deuxième guerre mondiale. Pas la moindre circonstance atténuante, pas la moindre pitié : nous devons rattraper les précieuses minutes perdues et entamer un strip éperdu dans la lourde odeur de transpiration et de chaussettes sales qui envahit la pièce dès l'ouverture des casiers.

Lorsque la « prof » arrive, elle veut nous trouver sagement assises en rang sur le balatum jaune paille du gymnase, face à la scène. En effet, ce grand gymnase éclairé par de hautes fenêtres grillagées fait office de salle de spectacle dans laquelle, chaque année, les élèves de quatrième année se produisent devant parents et amis. C'est à cette occasion que Zig, notre copine elle-même assez imposante, réserve, à ce qu'elle dit, régulièrement trois chaises : une pour son copain, deux pour sa mère, compte tenu de l'imposante carrure de cette dernière. Enlevant ses sous-vêtements avec désinvolture dans la ruée du vestiaire, Zig nous explique également que pour les soutien gorge de sa mère, il faut prendre une taille 120 agrémentée d'un mètre d'élastique !

Le rituel du cours de gymnastique se déroule toujours de la même façon : avant chaque séance, une élève se porte volontaire pour jouer les chefs d'orchestre. Elle se place alors debout, face au groupe et propose des chansons. Au début, nous n'en connaissons que très peu. Ce sont les adeptes des colonies de vacances qui vont enrichir notre répertoire.

Pour nous, les ados, chanter consiste à accompagner Sylvie Vartan qui écoute en soupirant la « pluie qui ruisselle » ou Adamo qui hurle doucement à la mort en regardant tomber la neige. « Fleur d'épine et fleur de rose », ça ne nous dit vraiment pas grand-chose et nous nous sentons ridicules. Ohé !

Peu à peu, cependant, nous prenons plaisir à cette activité. Nous chantons de mieux en mieux en regardant, là haut derrière les panneaux vitrés, les branches qui se découpent, selon la saison, sur un ciel d'azur ou de plomb. Nous entamons des canons et bientôt, nous y allons de tout notre cœur. Quand la direction nous propose de mettre en place une chorale, nous acceptons avec enthousiasme. « Les yeux de la Marianita ont la couleur de l'olive », « La Pavane » deviennent nos airs de prédilection. Hé, faut ce qu'il faut, on se cultive !

Cet intermède musical fait, lui aussi, partie intégrante de notre formation. Nous ne le savons pas encore mais tout est réglé d'avance. Bientôt nous suivrons le stage CEMEA[13] correspondant au BAFA actuel, qui nous habilitera à nous occuper d'enfants lorsque nous animerons des colonies de vacances. On nous apprendra également à faire de l'escalade et du canoë-kayak. Un instituteur doit être *polyvalent*. Avant tout, c'est un esprit d'équipe qu'on veut nous faire acquérir, au même titre que des compétences spécifiques. L'objectif sera atteint et nous garderons de ces années un souvenir inoubliable de rires et de complicités.

---

[13] Stages nationaux habilitant les jeunes à encadrer des enfants.

Chaque cours d'éducation physique commence par un échauffement effréné particulièrement éprouvant pour la pantouflarde que je suis : c'est la marche des canards que je redoute le plus. Viennent ensuite la petite course en cercle, les abdominaux, les petits et grands ciseaux. Nerveuse et toute mince, notre professeur semble montée sur des ressorts : impossible de souffler ne serait-ce qu'une minute. Nous la craignons très fort au début. Pas de violence ni d'ironie : seulement une vraie personnalité. Notre professeur pratique l'éducation par l'exemple. Ici, il n'y a pas de place pour les paresseux et il est impensable de simuler une migraine ou un mal au ventre.

Pire encore : les sports collectifs sont obligatoires le jeudi après-midi. Nous devons choisir entre handball et basket-ball. Notre équipe de « cadettes » est constituée des plus jeunes recrues de la promotion : Titine qui, tout comme moi, ne marque pas d'enthousiasme particulier pour les activités physiques et pencherait plutôt pour la lecture, Tommy, jolie petite rousse au nez retroussé et aux magnifiques cheveux roux électriques et sa meilleure copine Dany, brunette aux yeux verts, toutes deux clairement portées sur le shopping, Stick, traînant la patte et grommelant, Lucile, toujours souriante, pleine d'une bonne volonté largement insuffisante pour remonter le niveau... Et j'en oublie. Bref, une bande de bras cassés qui se demandent ce qu'elles ont bien pu faire au Bon Dieu pour devenir les élues susceptibles de porter, un jour de la semaine des quatre jeudis, la flamme olympique. Dès le premier mois nous découvrons avec stupéfaction que nous avons été inscrites d'office à la saison des matchs amicaux. Nous savons tout juste atteindre la planche du panneau quand nous essayons de marquer un but. Nous manquons de punch et de souffle. Nous connaissons à peine les règles, encore moins les astuces de ce nouveau sport qui, il y a quinze jours encore, ne nous était pas plus familier que le Kung fu ou le Tai kwon do.

Enfin, pas une d'entre-nous ne dépasse un mètre cinquante-huit.

Notre équipe doit affronter, en premier match de la saison, celle des championnes de Bourgogne dans le gymnase du collège Denfert-Rochereau. Pour comble de malchance, les normaliens, avertis de notre incompétence et désireux de se repaître de la moindre faiblesse de leurs homologues, viennent assister en masse à la rencontre. Défaite cuisante : éberluées, nous n'avons pas le temps de voir passer le ballon qui, sitôt entré en jeu, se retrouve dans notre panier. Diablesse noiraude toute en muscles, Nicole Tixier, la championne de Bourgogne, se promène avec assurance sur le terrain, magnifique, bronzée, musclée, sourire en coin, alors que nous essayons en vain de suivre, échevelées, rouges et pantelantes. Score spectaculaire et historique : nous sommes battues 102 à 1... Grâce à un coup franc. Nous n'osons même pas relever la tête vers la galerie où les garçons nous dévisagent avec un rien d'ironie et beaucoup de pitié. Le professeur nous console en nous disant qu'il faut jouer « pour jouer, pas pour gagner ». Mais on avait l'air de quoi devant les normiots qu'on connaissait encore à peine ?

Toute ma vie durant, j'entendrai parler de ce match mémorable car, bien sûr, celui qui allait être mon mari avait assisté au jeu de massacre !

Nous sommes le 25 février. Demain, c'est l'anniversaire de mon histoire avec Dominique et nous devons nous retrouver l'après-midi. C'est alors qu'on nous annonce un match amical à Tonnerre. Le monde s'effondre. Je suis capitaine d'équipe et je ne peux fournir aucune excuse valable pour éviter le déplacement. Toute la journée de la veille, je tente de me fouler le poignet. En vain. Ce n'est pas dans mon tempérament de m'automutiler.

Il doit tout de même y avoir un bon dieu quelque part. Le matin du 26, on nous annonce que le match est reporté à cause du mauvais temps... Que disait Mouloudji, déjà ? « Le sort est tendre aux amoureux... ».Les retrouvailles ont lieu à l'Arbre sec. Le ciel ne nous épargne pas mais Marie-Claude m'a prêté son joli ciré noir pour l'occasion. C'est le bonheur.

« Il pleut, c'est merveilleux, je t'aime...
Rien ne nous plaît plus que nous-mêmes
En ce temps d'arrière saison »[14]

Le cours de gymnastique comporte un côté sympathique lorsque nous devenons spectatrices. Notre promotion compte une vraie championne de Monceau-les-Mines qui fut sixième de France. C'est un réel plaisir de voir Claude s'enrouler autour des barres asymétriques ou évoluer sur la poutre pour enfin se poser sur le sol avec l'aisance d'un bel oiseau. Clo-clo réalise toutes les démonstrations. Nous nous agglutinons autour d'elle pour prendre ébahies, la mesure de notre incompétence. Tout a l'air si simple et si gracieux lorsque c'est elle qui agit ! Nous découvrons à la longue que, tout comme nous, cette jeune fille recèle des faiblesses et d'énormes incertitudes. Il lui arrive de tempêter, de pleurer car elle ne peut rien intérioriser. C'est elle, cependant, qui remonte le moral à notre quatuor en nous entraînant, tout au fond du couloir du bloc scientifique, dans une minuscule salle équipée d'un piano. Là elle se met à jouer en chantant de toutes ses forces les romances de Georges Chelon : « Morte saison », « Le père prodigue... : Ah ! Te voilà, toi.... »

Assises par terre, dos au mur, rêveuses, nous regardons envieusement ses mains courir sur le clavier. Une osmose se crée. Nous nous imprégnons pleinement de ce moment

---

[14] Poème de Francis Carco

sacré. J'aurais aimé maîtriser mon corps comme elle sait le faire. J'aurais encore plus aimé savoir jouer du piano car je me rends compte que cette activité représente pour elle un réel exutoire. Je l'admire.

Peut-être qu'elle aussi trouve que je possède quelque part en moi, quelque chose de bon.

Une fois par mois, c'est la fête. Le magnétophone posé sur une chaise à l'entrée du gymnase annonce les danses folkloriques. Il faut savoir danser pour être, plus tard, en mesure d'animer les activités collectives dans nos classes. Nous sommes inconscientes de l'objectif visé car la démarche pédagogique ne nous est jamais expliquée et tout ce à quoi nous sommes soumises apparaît toujours comme une activité anodine, naturelle, parfois très agréable. Tout coule de source. Nous nous dépensons à fond pendant cette heure exceptionnelle. Nous accordons la préférence aux danses israéliennes dont la subtile chorégraphie nous oblige à nous concentrer et nous laisse heureuses et pantelantes.

Nous apprenons à connaître notre professeur qui change bientôt d'attitude. Question de confiance. Madame Nibourel veut tirer le meilleur de ses élèves mais elle sait respecter leurs limites. Quant à nous, nous faisons de notre mieux pour ne pas paraître trop maladroites mais aussi, peut-être simplement, pour lui faire plaisir.

Avec le recul, je prends conscience du caractère affectif qui nous liait à nos enseignants. Respect, confiance et besoin de se surpasser car nous savions que nous étions écoutées et reconnues.

J'ai du mal à assurer entièrement un match de basket car je suis asthmatique. Néanmoins, je reste sur le terrain, quitte à suffoquer en salle d'étude tout le reste de la soirée.

Le couronnement sportif de cette première année sera la semaine à Merry-sur-Yonne. Dix jours de canoë-kayak et d'escalade. Avant cela, il a fallu pédaler dur pour nous rendre d'Auxerre à Merry. En chemin, nous campons à Coulanges-sur-Yonne. Ces efforts physiques inhabituels exigent une énergie exceptionnelle mais nous avons été entraînées à nous dépasser à diverses occasions en cours d'année et nous savons à présent que tout est question de volonté. C'est le début de l'été. La promotion des garçons participe au stage avec nous. Leur présence nous est bénéfique car il faut prendre sur soi pour ne pas paraître idiotes ou maladroites. C'est une question d'image.

Certaines activités, cependant, nous amènent au bout de l'horreur : il en a fallu du temps, pour nous remettre de la tyrolienne ! Se balancer dans le vide entre deux rochers sans pouvoir se permettre de hurler à la mort parce que les garçons nous regardent et que ça entraînerait la disgrâce à vie. C'est aussi la première fois que je me fâche contre Martine. La crise se produit le jour du retour. On nous demande de faire une partie du voyage sur la rivière et de transporter nu-pieds, à deux, ce satané kayak sur des cailloux glissants et pointus, quand le passage sur l'eau est impraticable. Après dix jours particulièrement actifs, nous revenons en effet de Merry en descendant la Cure. Nous sommes épuisées. Le canoë me tombe sur le pied. Nous nous rendons mutuellement responsables de notre maladresse commune. Nous nous réconcilions le soir même et signons l'armistice le lendemain, à la pâtisserie, devant une figue à la pâte d'amandes comme on n'en fait plus.

Au camp de Merry, tout est mis en commun. Le matin, on nous installe sur des bancs à de grandes tables de bois. Nous dévorons d'énormes tartines de beurre et de confiture que nous trempons dans de larges bols de café au lait. Pas question de faire le régime car nous aurons besoin de toutes nos forces. Pascal, le grand escogriffe maigre comme un coucou, nous épate par les quantités incroyables de nourriture qu'il enfourne à chaque repas. On l'a surnommé « Zatopeck » car sa silhouette squelettique et ses gesticulations désordonnées rappellent cet ancien coureur dégingandé.

Nous sommes ensuite envoyés vers la rivière où nous découvrons le plaisir intense du kayak fendant l'étendue d'eau encore embrumée dans un somptueux silence rythmé par le bruit des pagaies. Quand nous nous croisons, nous nous saluons d'un signe de tête en relevant notre rame que nous tenons, dressée devant nous, perpendiculaire au siège. Plus tard dans la matinée renaissent l'animation et l'esprit de compétition. C'est alors que pour nous le verbe « dessaler »[15] prend tout son sens ! Marie-Laure s'en souvient : ayant retourné son C10[16], elle a failli assommer son équipière en lui assénant involontairement un coup de pagaie magistral. Très vite, l'opération « dessalage forcé » devient l'objectif principal des oiseaux de mauvais augure que nous avons le malheur de croiser hors du regard protecteur de nos moniteurs.

La tombée de la nuit nous réunit autour d'un feu de camp. Les chansons que nous trouvions « ringardes » recouvrent leur raison d'être et tout le monde s'égosille sans le moindre complexe. « La montagne est en colère » s'illustre magnifiquement par un soir d'orage et pour un temps, notre bonne rivière bourguignonne se pare des brumes de « la belle Volga ». Nous répétons des mots dénués de sens, aux étranges accents slaves, persuadées de nous être appropriées la langue de la malheureuse princesse Myarka.

« Ye ma yeshka ye memolohochka

---

[15] Se retourner avec le kayak.

[16] le kayak.

Ye ma yeshka ye mamoloko »

En aparté j'entends, murmuré à mon oreille, le refrain de ce nouveau chanteur, Michel Polnareff, « *La poupée qui dit non* » car je ne veux pas accorder mes faveurs au petit blondinet aux yeux d'ange qui me poursuit de ses ardeurs. Titine et moi sommes encore inébranlables, toujours fidèles à ceux qui, pour leur part, ont depuis longtemps tourné la page.

Cachez ce sein….

D'un geste machinal, elle remonte d'une main de maître l'arrière de son chignon haut perché, étayé par un bataillon de peignes et de pinces, renifle un petit coup en esquissant une grimace pour redresser ses lunettes. Elle saisit un livre qu'elle brandit vers nous, telle un prêcheur fanatique du haut de sa chaire. Elle déclare : « Tout est relatif ; ce livre aurait pu être appelé je ne sais pas, moi …Un …. Ratati ! » Suggestion géniale, pensons-nous. Ce sera dorénavant son surnom.

La première année, Ratati enseigne le français aux filles, toutes sections confondues car nous ne serons séparées en deux filières mixtes que l'année suivante. Seules les matières scientifiques nous répartissent pour l'instant en deux groupes spécifiques.

Nous fonctionnons dans un ronron routinier. Expertes en césures, assonances et allitérations, nous éprouvons cependant beaucoup de difficulté à nous représenter l'amour courtois revu et corrigé par notre enseignante guindée et corsetée. Dans ce contexte, il nous est pratiquement impossible d'imaginer la rose tenant toutes les promesses évoquées par Ronsard. Cependant, nous faisons preuve de beaucoup de bonne volonté. Nous nous lançons dans des commentaires de textes alambiqués dont la « substantifique moelle » ne m'apparaît pas toujours très clairement. Alors que, sur la suggestion de leur professeur, nos homologues masculins établissent avec un plaisir inégalé les règles virtuelles d'un collège idéal, autonome et sans contraintes, nous ne manquons pas une virgule de ce qui ne sera jamais *notre* abbaye de Thélème.

Quel que soit l'effort fourni, je reçois invariablement un 8/20 à mes dissertations. Aurai-je un jour la moindre chance de m'améliorer ?... Un vrai « Chagrin d'école », confirmerait Pennac. Je perds l'enthousiasme récemment acquis lors de la préparation au concours pour retomber peu à peu dans une dangereuse léthargie. Quand apparaît « *Iphigénie* », les élèves se réjouissent. Enfin un peu de passion : c'est chouette, cette jeune vierge qui se donne en dépit de tous les interdits. « Une brave fille » commentera laconiquement, quarante ans plus tard, l'élève d'une de mes collègues ... Seulement voilà : nous avons compté sans le devoir de Bienséance inhérent à l'éducation de demoiselles qui se respectent. Les vers problématiques sont systématiquement censurés. L'année suivante, dans le cours mixte de la section scientifique, Jean-Louis Poux, normiot bon vivant, en possession de toutes ses facultés physiques et mentales, refusera de donner la réplique à une tirade tronquée pour cause de censure.

Ratati montre une rigidité à toute épreuve.

Je peux dire avec certitude que le 2 mai 1966 tombe un lundi. Je reviens à l'école avec, caché dans mon cartable, un minuscule vase en porcelaine de Limoges que j'avais jadis offert à ma mère, pour sa fête. À la recherche d'un joli cadeau, et, comme à mon habitude, trop « fauchée » pour faire une dépense conséquente, j'ai retourné tous les tiroirs de la maison et subtilisé ce petit objet pour l'offrir à Titine qui vient d'avoir seize ans. Je l'agrémente d'un bouquet de muguet honnêtement acquis cette fois, car je l'ai cueilli moi-même la veille dans les bois de Charbuy.

Sans nouvelles de mon petit copain depuis les vacances de Pâques, je veux en avoir le cœur net. Au lieu de rentrer le dimanche soir, je prends le car de ramassage scolaire du lundi matin. J'ai l'air si triste que ma mère accepte ce changement de programme sans poser de questions. Je me poste à l'arrêt des cars de la gare des Migraines pour attendre le garçon. J'ai beau le poursuivre tout le long de la rue de Paris en le suppliant de m'expliquer ce qui se passe, il avance muet, tête obstinément baissée. Il est accompagné de Michel, son nouvel acolyte. Quelque temps auparavant, Dominique avait voulu faire une tentative pour laquelle je n'étais pas prête, fortement convaincue par mon éducation de la nécessité d'arriver vierge au mariage. Fortement soutenu par son habile mentor qui se targuait de connaître la vie, il avait donc décidé d'aller chercher ailleurs ce qu'il n'avait pas pu obtenir.

Amour de jeunesse, « puppy love » disent les Anglais. « Un de perdu, dix de retrouvés ». Je sais maintenant qu'on a tort de sous-estimer la peine des adolescents. La douleur est réelle, « exquisite[17] » diraient encore les Anglais mais pas du tout exquise. On ne fait pas semblant à cet âge-là. On souffre vraiment, profondément. On a envie de mourir.

J'arrive à l'école dans tous mes états. Au lieu de me calmer, les marques de sympathie de mes amies ajoutent à mon bouleversement. Le cours de français commence : je suis assise à la première table, devant le bureau surélevé du professeur, les yeux rouges, les mains encore tremblantes. Persuadée que je vais flancher, c'est à moi que Ratati demande de réciter la fable de La Fontaine *« Le lion et le moucheron »*. Je suis bourrée d'adrénaline. Je me lève et déclame le texte avec ardeur. « Va-t-en, chétif insecte, excrément de la terre » Face à la classe, elle ne peut faire autrement que de m'attribuer sans commentaire un 18.

J'enseigne depuis des années à des adolescents. Quand je vois une de mes élèves pleurer, je ne cherche même pas

---

[17] Terme ironiquement « faux-ami » signifiant « extrême »

à savoir de quoi il peut s'agir et je la laisse tranquille. Après tout ce temps passé, j'éprouve encore du dégoût et de la difficulté à pardonner à cette femme sèche et guindée son manque de charité.

L'année suivante la section scientifique mixte est prise en charge par Ratati. Soulagées, nous, les littéraires, voyons arriver un monsieur d'un certain âge. À l'école du haut, on le surnomme « Le Mol » pour son air bonasse et un rien dilettante. Contrairement aux apparences, c'est une révolution qui s'opère dans la classe et dans nos esprits. Le sentiment d'émulation se renforce par le fait qu'il y a des garçons brillants dans le groupe. Le professeur nous place constamment en situation de débat. Il sait ce qu'il faut dire ou faire pour allumer les feux et faire surgir ce qui, jusqu'alors, était considéré comme tabou.

Nous ne devons plus apprendre *une* récitation précise formatée, censurée mais choisir nous-mêmes un poème entre telle et telle période. Ruée vers la bibliothèque et dans les librairies. C'est à qui dénichera le plus beau texte. Pour en découvrir un, nous en lisons cinquante. Nous réussissons ainsi, par nos propres moyens, à découvrir les poètes et de nombreux auteurs car pour les romans, nous procédons de la même façon. Des suggestions nous sont apportées et chacun doit faire un exposé sur le poète ou le romancier qu'il a choisi. Nous apprenons à connaître des gens aussi divers que Camus, Eluard, Beckett et Henri Michaud. Nous vivons par procuration la tragédie de « *l'écume des jours* ». Nous apprenons par cœur les chansons du disque de Boris Vian que notre camarade de classe Nanou a déniché chez un bouquiniste parisien. Son poème du condamné « Je ne voudrais pas mourir... Il suffit que j'aime » bouleversant de tristesse, me retourne l'estomac. Soudain, au détour d'un texte, nous découvrons la formidable beauté de la transgression littéraire.

Dans sa dissertation, un garçon de notre groupe, Paul, tente de démontrer que *l'Etranger* peut être un homme heureux. Le professeur trouve l'idée saugrenue et lui attribue 2/20. Puis il réfléchit, reprend la copie et convertit le 2 en 15. Savoir écouter, se remettre en question... Quel atout ! Martine qui est une virtuose en poésie décortique avec adresse les vers de Malarmé qu'elle nous rend accessibles: « abolis bibelots d'inanité sonore ». Pour ma part plus scolaire, j'aime beaucoup Zola mais je ne peux pas cerner les raisons de mon attrait pour cet écrivain. Le professeur m'explique gentiment que je l'aimerai encore plus lorsque j'aurai compris pourquoi et que je serai capable de le dire.

Nous sommes tous là, assis à nos tables. Il nous piège en nous demandant innocemment notre avis sur José Maria de Hérédia qui faisait l'admiration sans bornes de notre ancien professeur. Il attend que nous exprimions nos avis prudents, modérés ou positifs pour donner le sien. C'est Jacques, dit « Gaston » car il s'appelle Deferre, qui sème la tempête et nous fait prendre conscience de notre soumission aveugle en déclarant que c'est à la fois mièvre et pompeux. Criard. Pédant. Les dernières pierres de l'édifice ratatien s'écroulent. « Faut qu'ça saigne »

« On n'est pas là pour se faire engueuler, on est là pour voir le défilé... [18]»

Nos camarades Nanou et Gasty reviennent un matin détentrices d'un trésor. À l'instigation de notre professeur, elles ont osé écrire à Jacques Prévert qui les a reçues et leur a longuement parlé. Les voilà de retour, les yeux encore brillants d'une passion qu'elles nous transmettent sans réserve.

Nous n'hésiterons plus à remettre en question ce qui nous semble discutable. « Le Mol » nous ouvre à

---

[18] Boris Vian : 1) *Le tango des bouchers de La Villette*. 2) *Le défilé*

l'humanisme. Il circule dans la classe, gesticule, le cheveu en bataille, s'exprime avec un enthousiasme contagieux. Il provoque et accepte la contestation. Enfin, nous nous sentons libres et bien dans notre peau. Lorsqu'il nous lit *« le vitrier »* de Baudelaire, nous caractérisons l'attitude du poète comme méchante, cruelle. « Non », nous dit-il avec son petit sourire amusé, « ce n'est pas de la méchanceté, ni de la cruauté... Cherchez ... » Seul Gaston, en lecteur cultivé et averti, est capable de donner la bonne réponse. Il s'agit de *voyeurisme.* Notion qui, jusque là, nous était tout à fait étrangère. C'est également Gaston qui détectera la note *romantique* dû sifflement d'un train dans la nuit. Peu à peu nous accédons à des domaines magiques devant lesquels nous étions passées et repassées sans même en soupçonner l'existence ou la richesse.

Notre maître nous envoie au ciné-club du mercredi. Au retour il nous demande régulièrement d'organiser un débat. Nous, « le chœur des vierges », revenons un jour outrées par un film suédois qui dépeignait des filles délurées, buvant et faisant l'amour avec le premier marin venu. Je reverrai toujours le visage ravi de cet homme qui, beaucoup moins conformiste que nous, bouleversait soudain tous nos tabous. « Attendez » nous dit-il, « que ferez-vous quand vous entrerez dans la chambre de votre fille et que vous la trouverez au lit avec un garçon ? » Je bondis. « Jamais ! Je lui expliquerai ». Le professeur nous souriait et se délectait de notre innocence et de notre féroce intolérance.

« C'est à quinze ans qu'on se croit le plus rationnel et qu'on est en fait le plus intransigeant. Vous verrez, vous changerez ! »

Quand, bien des années plus tard, j'entrais dans la chambre de ma Coralie et la trouvais endormie, rayonnante de jeunesse et de bonheur au côté de son bel adolescent italien, je sentais mon cœur se gonfler à la pensée de mon professeur de français.

Grâce à lui, nous avons été sensibles à la magie de « Brigadoon », commenté « Tirez sur le pianiste », subi l'envoûtement intégral de la musique de Brahms dans le superbe film de Louis Malle « Les amants ». Adolescents bien guidés, nous étions de parfaits réceptacles pour l'esthétique et le romanesque aussi bien que pour l'irrationnel théâtre de Beckett ou le mouvement Dada.

C'est enfin lui qui a fait naître en moi une sensibilité et un réel amour de la littérature que j'ai transmis à mes enfants avec toute la conviction dont j'étais capable. À la naissance de ma fille, je lui ai envoyé un faire-part accompagné d'une photo. J'étais en poste au Kénya. Il m'a répondu avec ces mots : « J'ai bien reconnu le visage de la petite brunette sur lequel je posais souvent mon regard pour me reposer d'autres visages.... » Moi non plus, Monsieur Bourgeois, je n'oublierai jamais le vôtre et tout l'encouragement qu'il m'apportait.

Dès ma première dissertation en classe de première, je suis passée à 14/20. Ratati qui, en tant que professeur du groupe des scientifiques, assistait aux deux conseils de classe, a jugé bon de prendre la parole pour contester mes progrès : « Je ne comprends vraiment pas la montée en flèche de Mademoiselle Maldonado ! »

Nous avons passé le bac 68. Protégés par le vase clos dans lequel nous vivions, nous avons tout d'abord hésité à nous lancer dans l'aventure. Alors que certains de nos « pairs » nous conseillaient de « ne pas hurler avec les loups », notre mentor s'est contenté de nous placer face à nos responsabilités. Nous tenions dans nos mains notre avenir et il nous avait, dit-il, apporté suffisamment d'outils pour affirmer et faire respecter nos convictions. Nous devions être cohérents. Encore une fois libres de choisir, nous l'avons été jusqu'au bout.

C'est lui aussi qui, au moment des amours et des liaisons « normaliennes » encouragées par les autorités, a pris la liberté de nous rappeler qu'il fallait vivre et tout essayer avant de nous emprisonner dans un cadre qu'il serait toujours temps de réintégrer.

Horizon 1968 ...

Deuxième année d'école normale. Les Beatles sont à présent connus partout en Europe. Vient alors se greffer cette nouvelle vague qui va préparer la jeunesse au grand chambardement. Les « Angry Young Men » s'expriment depuis les années cinquante en Angleterre et aux Etats-Unis dans les pièces et romans pessimistes de John Osborne ou d'Alan Sillitoe. Au cinéma, Marlon Brando figure le motard récalcitrant. Quant à Jack Kerouack, il fait de nombreux adeptes qui se lancent à corps perdu dans le voyage, peu conscients des motivations bourgeoises du personnage de l'auteur qui reprend régulièrement un de ces grands cars « Greyhound » pour retrouver le sécurisant confort de la maison de sa tante dès que l'errance et le manque d'hygiène commencent à lui peser...

Les Beatniks ont également fait leur apparition. La « Beat Generation », génération des « battus », rassemble les désorientés qui choisissent la démission et décident d'aller voir, sac et guitare au dos, si l'herbe est plus verte de l'autre côté de la barrière. Zinzin, notre professeur d'anglais, nous tient au courant de cet intéressant aspect culturel. Après la guerre de quarante, se profile le spectre de celle du Vietnam qui sacrifiera cinquante-huit mille jeunes Américains. En 1964, le champion du monde de boxe, Cassius Clay, refuse de s'engager. « Je n'ai rien contre ces gens » annonce-t-il. « Je n'ai jamais entendu aucun d'entre eux me traiter de nègre ». On refuse de lui décerner la médaille d'or qui doit lui revenir à l'issue du championnat du monde de boxe. Il se convertit alors à l'Islam et se rebaptise du nom de Mohamed Ali. En 1969, la réunion spectaculaire de Woodstock rassemble entre trois et cinq cent mille jeunes qui préfèrent l'amour à la guerre.

Cependant, la réaction classique se concrétise en une fuite matérialisée par la route ou la drogue.

En 1966 Antoine, ingénieur sorti de Centrale, opte pour les cheveux longs et les chemises à fleurs, fait exploser l'audimat et exacerbe les esprits conventionnels lorsqu'il produit sa première chanson contestataire : « Autoroute européenne n°1 ». Puis ce sera le détonnant « Oh yé » où il attaque le conformisme de Johnny Halliday qui prend la mouche et s'exclame : « Cheveux longs, idées courtes ». C'est dans cet esprit que nous nous rendons à Perreux nous former à la profession de moniteurs. Là-bas se trouve Norman, un bel Anglais tout blond à qui nous demandons de transcrire les paroles de la chanson de Procol Haroum, *A whiter shade of pale* et celle des Moody Blues *Nights in white satin* dont le contenu nous est familier mais que nous désirons comprendre entièrement. Il accepte mais écrit n'importe quoi. Internet n'existe pas encore pour venir corriger le tir.

« De la fumée dans le yeux un éléphant me regarde, j'ai la tête qui bat... »[19] À l'instar des Britanniques, les productions de nos artistes deviennent de plus en plus suggestives. Il n'y a pas de doute quant au visage que prend la Révolte. Pour notre part, nous sommes toujours protégées. Les tuniques indiennes nous paraissent très originales et nous souscrivons volontiers à la mode de l'Op Art, aux minijupes, aux pattes d'éph et aux chaussures à semelles compensées. Peu à peu, nous glissons vers le Flower Power en n'y sélectionnant cependant que le côté

[19] Chanson d'Antoine traduisant un « trip ».

esthétique et un peu fantaisiste. Nous vivons au rythme de Dylan et de Polnareff, soucieuses cependant de ne pas sortir du rail, ce qui nous vaut le mépris ouvert des « Artistes Associés »[20] déjà bien impliqués dans leurs propres versions de la Transgression.

L'école conserve néanmoins son intransigeance : le port des blouses qui nous arrivent à mi-mollet est obligatoire, de même qu'est interdit celui des chaussures de tennis hors des cours d'éducation physique. Avec une vigilance de tout instant, Élise veille et nous rattrape au vol avant même que nous n'ayons atteint le grand sapin de la cour d'honneur. Elle est à sa fenêtre, avec, comme disent les « Pieds-Noirs » « un œil qui fait frire les merguez et l'autre qui fait entention le chat ».

La silhouette des garçons évolue également. Les chevelures s'allongent et s'enchevêtrent, retenues au front par de bandanas de couleurs vives, les chemises et tuniques bourgeonnent et fleurissent. L' Angleterre n'est pas loin et, lorsque nos parents nous envoient, Titine et moi, passer nos vacances chez nos correspondantes, les copains nous suivent ...En stop, ce qui ne nous convient pas vraiment car nous aimerions bien cultiver séparément nos deux jardins.

Bob Dylan, Simon and Garfunkel, les Rolling Stones, rythment alors nos vies. Il y a, dans ce pays qui nous avait été décrit comme rigide, « victorien », une nouvelle désinvolture et un art de vivre que la France n'a encore pas été capable d'assumer.

Au printemps, nous prenons une initiative assez téméraire. Nous décidons d'aller passer un week-end à Merry-sur-Yonne où se trouve à présent la promotion de première année. Nous avons conservé de cette semaine

[20] Garçons de notre classe investis d'une mission poétique quasi-divine.

sportive un souvenir ébloui et il nous tarde de faire ce pèlerinage sur les lieux de notre très récente « jeunesse ».

La maman de Martine transporte notre quatuor. Les autres s'arrangent autrement. Zig demande à son ami de la déposer avec Gasty, Nanou et Biquette, avant de repartir. Ce qu'il fera, respectant ce pan de vie dont il ne fait pas partie. Les garçons, quant à eux, arriveront qui en stop, qui dans la guimbarde vétuste de l'un ou de l'autre.

Nous ne sommes pas les bienvenus. Les professeurs et moniteurs sont fort occupés par leurs propres activités. Ils craignent par ailleurs, à tort, des débordements de ce petit groupe mixte d'une quinzaine de personnes venues revivre un moment heureux. L'entrée au camp nous est carrément interdite.

Déception. Il ne nous était pas venu à l'idée que nous serions ainsi rejetés. Qu'à cela ne tienne ! Il fait beau et Merry regorge de grottes. Nous avons apporté nos sacs de couchage et, prévoyants, les garçons sont allés piller le garde-manger de Pépito [21]: gigantesques conserves de rillettes qui, réchauffées par la température ambiante, ont pour conséquence de nous écoeurer et nous en dégoûter à tout jamais. Ils ont également découvert de la charcuterie et des fruits, de la boisson. Nous considérons leur forfait avec la plus grande admiration : jamais nous n'aurions osé nous aventurer ainsi dans l'antre de notre Élise.

Les normiots nous avaient fermement prévenues : ils s'occuperaient de nous en gentlemen. Amusées, nous les regardons s'affairer pour découper les grosses miches de pain, ouvrir les boîtes de conserve et tartiner pour nous les larges tranches grasses et odorantes.

La soirée est belle. Il fait doux et, du haut de notre grotte nous assistons au feu de camp que les élèves de la dernière promotion animent avec entrain. La distance

[21] L'intendant féroce de l'école normale de garçons.

physique donne lieu, dans nos têtes, à une distanciation plus subtile. Nous prenons un recul qui, tout en suscitant la nostalgie, nous fait prendre conscience du bonheur simple que nous sommes en train de vivre et qui, demain, appartiendra lui aussi au passé. Le lendemain, on nous autorise tout de même à utiliser les kayaks.

La nuit tombée, nous longeons, main dans la main, le bord de la falaise. Tout est calme et on distingue à peine le clapotis de la rivière qui coule doucement à nos pieds. Demain nous repartirons avec, dans nos têtes, une image différente de celle dont nous avions gardé le souvenir. Moins d'action, moins de jeux, mais plus de douceur et une amitié renforcée, déjà teintée du regret des adieux.

La tristesse est encore plus grande aujourd'hui car il ne reste que le souvenir. Une équipe soudée, une harmonie parfaite, des rires, le plaisir d'être ensemble, d'écouter et de proférer des sottises qui nous font rire aux larmes. Les soucis, les déboires sont à venir mais nous n'y pensons pas. Comment imaginer qu'un jour nous serons à nouveau étrangers, séparés malgré nous par la vie en dépit de toutes les promesses de retrouvailles et de fidélité ?

Ce soir-là, nous sommes bien.

Nous sommes heureux et surtout, nous sommes sages car nous voulons, inconsciemment peut-être, graver pour toujours en nous l'image d'un jour parfait.

« Vienne la nuit, sonne l'heure.... » [22]

[22] Apollinaire. « Le pont Mirabeau ».

Les copains...

La philo selon Bébel

Il enseigne à l'école normale depuis bien des années. Nous avons opté pour la section A4 qui implique que nous devrons subir neuf heures de philosophie par semaine. Il va bien falloir trouver de quoi s'occuper ! En fait, ça nous plaît bien, cette matière. Ça me plaît d'autant plus que, tous les dimanches matins, je me rends chez un ami de mes parents qui attise ma curiosité intellectuelle avec le même dynamisme et le même génie que notre professeur de français. Sa méthode est différente du cours magistral qui nous est quotidiennement infligé par notre professeur attitré : nous amorçons l'échange par ce qui semble être une discussion à bâtons rompus, mais en fait il s'agit d'un habile remue-méninges qui met en place l'essentiel des éléments à débattre. Il ne nous reste plus qu'à ordonner les idées et clarifier les notions. Soudain tout coule de source. Pour moi, la vraie philo, c'est le dimanche chez Monsieur Schroeder.

Et puis, dans l'ensemble, nous, les normiots littéraires non classiques, bénéficions d'un esprit curieux.

Gaston, Alain et Pascal sont désignés pour accaparer l'attention de Bébel ainsi surnommé car il a l'air de bêler quand il parle. Les anciens le surnomment également « le Grunch », allez savoir pourquoi. Ce petit professeur qui semble ne faire mouvoir que la partie inférieure de ses jambes quand il avance, à la façon de Félix le chat, nous explique qu' « il ne faut pas se laisser tondre sans bêler ».

Lorsqu'au petit matin gris, il vient déverser pendant deux heures quasi quotidiennes, le Savoir kantien, le premier rang doit se munir de parapluies virtuels afin de se protéger des projections et des renvois humides et odorants du café au lait religieusement préparé par sa fidèle épouse. Nous savons tout de son intimité. Disciple inconditionnel de la méthode Ogino, il a largement procréé, suivant par là les grands principes de la Famille Le Quesnois[23].

Dès les premières minutes du cours, les spécialistes de la digression lui soumettent une problématique fantaisiste dans laquelle le brave homme se laisse entraîner tête baissée, inconscient qu'il s'agit là d'une stratégie de détournement. Nous aurons moins à éponger, moins à écrire, moins à retenir.

Neuf heures, c'est long… Pour couronner le tout, l'ultime séance hebdomadaire de philosophie nous est infligée dans les deux dernières heures de l'après-midi, le vendredi. C'est pour notre camarade de classe Zig le moment de se préparer : son ami l'attend déjà devant la porte de l'établissement. Au début de la première heure, elle semble écouter le professeur, sérieuse, visage tendu, assoiffé, résolument dirigé vers le Savoir. Elle a les cheveux courts soigneusement tirés en arrière, les yeux fixes, volontairement dénués de toute expression. Quand arrive l'heure de la pause, elle s'est maquillée et a fixé sur sa tête un chignon factice ou une longue natte de la plus belle allure. À la fin de la deuxième heure, elle n'est plus là : elle a rejoint à quatre pattes la porte du fond pour se glisser avant l'heure hors de l'établissement.

Pour notre part, nous admirons cette dangereuse initiative que nous n'oserions jamais prendre. Nous trouvons d'autres moyens plus innocents de nous occuper. Nous avançons très discrètement nos tables jusqu'au

[23] « La vie est un long fleuve tranquille » (film de 1988)

moment où nous atteignons l'estrade et le bureau du professeur. Puis, tout aussi insensiblement, nous reculons jusqu'à la porte du fond. Toutes les tables bougent ensemble, selon le principe du jeu des cours de récréation « Un, deux trois, soleil ». Bébel ne nous surprend jamais dans l'action. Par ailleurs il ne semble pas conscient du mouvement et continue son cours, imperturbable.

Les garçons font preuve de plus d'imagination et de plus d'audace : pendant la pause, ils vont ramasser dans la cour de grosses punaises rouges qu'on appelle gendarmes. Ils les lâchent sur le bureau et font des paris pour savoir laquelle gagnera la course. Le plus difficile, dans ces cas-là, c'est de rester sérieux.

Nous progressons, cependant, lentement mais sûrement. Toutes les trois semaines, nous devons rendre un devoir. Internes dans l'établissement, nous occupons notre temps libre à fouiller dans les placards. Dans ceux du premier étage, au-dessus du réfectoire, nous retrouvons les archives de devoirs anciens. Les sujets de philosophie sont identiques en tout point à ceux qui nous sont soumis. En effet, Bébel va bientôt prendre sa retraite et il a toujours enseigné ici. Notre petit groupe décide alors de tirer le meilleur parti de cette intéressante découverte : pendant toute l'année, nous reprendrons les meilleurs devoirs rédigés et corrigés que nous étudierons avec attention et discuterons avec le plus grand sérieux afin de les remanier. Comparés aux nôtres, ils ne ressembleront plus qu'à de simples ébauches.

Je le clame bien haut : il n'est pas question de plagier. Au contraire, nous apportons nos idées, soutenant ou contredisant point par point les productions de nos aînées. Ce faisant, nous devenons de réelles expertes en la matière. Le bac 68 nous dessert un peu car l'oral nous convient beaucoup moins qu'une réflexion muette face à notre feuille. Cependant nous pouvons dire sans rougir que ce subterfuge nous a progressivement amenées à développer notre esprit de discrimination et que nous pouvons à présent évaluer, discuter et corriger à bon escient la copie d'un autre.

Les devoirs « maison » présentent un avantage certain. En effet, ils donnent l'occasion à notre petit groupe de se retrouver le dimanche après-midi pour en discuter et en parfaire le fond et la forme. Enfin, c'est la version officielle que nous servons à nos parents pour qu'ils nous permettent de rentrer plus tôt à l'école. En fait, nous nous hâtons de terminer notre tâche avant la fin de la semaine pour nous rendre au bal du dimanche dans la grande salle située à l'arrière du Casino. Nous y retrouvons les copains et nous dansons sur les airs d'accordéon d'André Trichot jusqu'à l'heure officielle du retour. Notre établissement se trouve à deux pas de la place de l'Arquebuse et nous arrivons à temps pour le dîner. Après le repas, nous nous glissons dans la salle d'histoire où nous avons repéré une télévision. Nous regardons le film du dimanche soir. Nous sommes quatre. Le tout, c'est de pas se faire remarquer. *Rome ville ouverte,* le *Modigliani* de Gérard Philippe. Nous ne pouvons pas être sanctionnées sur le choix des programmes. Une fois de plus, nous transgressons de façon intelligente.

Le plus difficile en philosophie, c'est d'avoir à rédiger les sujets dans les conditions d'un devoir surveillé. Il nous est alors impossible de nous concentrer car ce moment est pour notre ami Alain, surnommé « Margotte »[24] à cause de son épaisse tignasse noire, l'occasion idéale pour semer la panique.

Le devoir commence après le déjeuner du samedi. Il se termine à cinq heures. Sitôt les sujets distribués, Alain

---

[24] Le manège enchanté

vient s'asseoir sur le bureau, face à la classe, tournant carrément le dos à la jeune fille chargée de nous surveiller. Il a tant de charme et d'humour qu'il lui enlève toute possibilité de se mettre en colère. Il feuillette le cours et annonce : « ceux qui ont choisi le sujet numéro un doivent dire ceci, ceci et cela » Et il continue de même pour les autres sujets. Personne ne prend de notes car le moment est tellement délicieux qu'il nous faut en déguster chaque seconde. Une fois les grandes lignes données à une rapidité fulgurante, il s'installe à une table mais interrompt régulièrement notre réflexion. Il plaisante à haute voix, fait rire tout le monde. Sa grande finesse et ses déclarations subites et hilarantes séduisent inévitablement la classe qui, au bout d'un moment, se laisse complètement aller à l'ambiance festive. Mes amies et moi sommes également très sensibles à son humour décapant. Cependant nous remarquons très vite qu'il sait s'arrêter au bout d'une heure et demie environ pour mettre en forme un devoir parfait alors que le temps manque à nos esprits moins brillants pour en faire autant. Par mesure de prudence, nous optons alors, bien qu'avec réticence, pour les boules Quiès. La bourse d'études est à la clé...

Un jour, en plein milieu d'un devoir surveillé, on vient nous demander de sortir un moment pour aller faire une haie d'honneur dans la cour où se déroulent les funérailles du père de Madame. Depuis un moment, Alain commente l'événement. Autant Marie-Noël nous était chère et avait suscité en nous peine et respect, autant cet inconnu nous laisse indifférents. Acte social peu pertinent. Même pas l'implication citoyenne d'une visite du 11 novembre au monument aux morts.

Il faudra, dit Alain, faire attention à ne pas faire mousser la bière. Il nous prépare si bien à la cérémonie que nous descendons l'escalier, prises d'un fou rire irrépressible.

Alors que passe devant nous le cercueil de l'illustre géniteur de notre directrice, il nous souffle à l'oreille : « Ça sent la viande froide, vous ne trouvez pas ? » Et nous, les gourdes, de rire de plus belle…

Les Artistes Associés

Aucun doute là-dessus : Alain sait s'amuser...Et se reprendre au moment propice... Et ne pas se prendre au sérieux. C'est là le propre de l'intelligence.

Nous avons dans la classe d'autres spécimens qui, avec la montée de testostérone, se sentent tout à coup investis d'une mission : celle de promouvoir l'Art à leur façon, et surtout, d'être les meilleurs dans ce domaine.

De loin, ils se ressemblent : trois capes noires volant au gré du vent, cheveux longs, allure romantique. Ils marchent vite, à la recherche de je ne sais quelle inspiration. Les yeux dans le vague, c'est tout juste s'ils nous remarquent au passage.

Si on les approche d'un peu plus près, on note des différences :

Le premier, l'authentique, celui qui possède toutes les qualités d'un artiste, c'est Gaston. Il a accepté ce surnom qui rappelle l'actualité car il appartient à un groupe qu'il ne renie en aucun cas. Cependant, il est tout sauf ordinaire. Gaston est le plus cultivé d'entre nous. Il connaît les écrivains, les poètes, il lit Ginsberg et Kerouac depuis longtemps. Il y souscrit. Il possède la maturité nécessaire à leur étude. Il ne peut pas connaître *Moon Palace* que Paul Auster n'écrira que vingt ans plus tard mais il s'en rapproche. Le héros sans bagage des années 60 qui y est décrit voyage en effet en imaginant sans les lire les paysages décrits dans les centaines de volumes qui lui ont été légués par son oncle et sur lesquels il mange et dort. Un jour, cependant, il se lance dans leur lecture et se met en route jusqu'aux rivages du Pacifique.

Gaston surprend sans cesse ses camarades et ses professeurs par ses remarques originales et pertinentes. Il écoute également beaucoup de musique : il possède des centaines de disques qu'il se procure par les moyens les plus divers. Un jour que je me trouve à la librairie, face au rayon des trente-trois tours, il me demande de m'avancer un peu vers l'étalage. À ma grande stupéfaction, je le vois ouvrir un grand sac de voyage et y faire glisser, non pas un mais une dizaine de disques... Le jazz n'a plus de secret pour lui. Il préfère Dylan et Carlos Santana aux Rolling Stones mais il s'intéresse beaucoup au virage indien qu'a pris la musique des Beatles. Puis ce sont les Pink Floyd, et toute la période psychédélique. Il va voir les films dans les ciné-clubs et dans les cinémas d'art et d'essai. Il fréquente les expositions. Gaston vit avec son temps et hors du temps. Il transgresse tout, touche à tout et se risque sans débordement à goûter aux paradis artificiels. Jamais il ne sème le désordre mais il s'amuse gentiment du manque de maturité de ses congénères. Sa chambre à l'université sentira bon l'encens. Il nous y recevra assis en tailleur sur son lit. Il boit du thé. Bien que boursier des IPES[25], il vivra simplement, conduisant une vieille 2CV ou voyageant en stop, à l'image des Hippies. Il rêve de l'Inde et de Katmandou où il se rend effectivement car il est cohérent. Il en revient affaibli par une hépatite car il a joué le jeu et vécu dans la pauvreté. Il deviendra spécialiste de l'étude des graffiti qui représentent un langage spécifique, une autre forme d'expression de la transgression.

[25] Bourse universitaire permettant de présenter le CAPES et l'agrégation.

Le second artiste, Pascal, est incontestablement, lui aussi, un marginal. On l'appelle Zatopeck car, sur le stade, il a une façon très personnelle de courir. En fait il n'est pas du tout sportif. Il aime aussi la musique et la lecture. Cependant, il s'adonne à d'autres jeux interdits qui, inexorablement, le détruisent. Contrairement à son modèle, Gaston, c'est dans un débordement et une provocation spectaculaires qu'il puise son plaisir et son originalité.

À son tour, il achète une vieille 2CV.

Les voilà installés à trois dans la voiture. Il fait nuit. Pascal se positionne, accroupi devant le siège avant, face aux commandes. Allongé sur le siège à la place du conducteur, un deuxième énergumène fait passer ses pieds par la portière. Le troisième joue le rôle de passager et surveille la réaction des passants. L'effet est saisissant : on croirait vraiment que le chauffeur a les pieds dehors. Pour sa part, Pascal conduit en regardant la route par la fine grille d'aération située entre le tableau de bord et le pare-brise.

Mon père le surnomme « l'hirondelle » car il agite les bras en marchant et fait voler sa cape. Sa première amie ne va plus à l'école. Elle a, avant l'heure, adopté un style similaire au gothique. Longs cheveux de geai, bouche et yeux bordés de noir, vêtements sombres et moulants cachés par un large poncho. Silhouette saisissante le soir, sous les réverbères de la place. Pascal trouve son bonheur en buvant immodérément. Décharné, il maigrit encore. Il rêve de partir. Il en parle toujours. Il ne dépassera jamais la Bretagne.

La jeune fille qu'il prend finalement pour épouse le soutien de toutes ses forces, acceptant sans mot dire ses folies. Preuve d'amour irréfutable qui restera pour nous admirable. Annie.

Devenu professeur de collège, Pascal déstabilise ses élèves qui s'amusent d'une originalité déplacée. Il fait cours en promenant « Médor » représenté par un bouchon attaché au bout d'un fil. Lorsqu'il donne un contrôle, il ouvre son journal, les surveillant par un trou qu'il a ménagé au milieu de la feuille. « Attention, je vous vois ! » Quand il aborde un texte, il se transfigure et capte alors l'attention du plus démotivé. Car il est brillant. Il porte bien son nom : c'est un maître.

D'une gentillesse à toute épreuve, il vivra dans l'espoir d'un ailleurs incertain jusqu'au jour où il partira enfin, terrassé par ses abus d'alcool.

Jamais deux sans trois. Le troisième a essayé. Il possédait tous les accessoires : la cape, les cheveux blonds, les yeux bleus, un visage d'ange qui se voulait rêveur, l'intelligence. Mais voilà : il lui manquait quelque chose d'indéfinissable, indispensable à l'authenticité du profil. Désireux d'expérimenter une autre forme plus saisissante de comportement, il a voulu pratiquer l'incommunicabilité, s'alignant pour cela sur un quatrième personnage insolite de la classe, « l'autre » Jacques. Comme lui, notre troisième artiste s'est mis à raser les murs, évitant de parler à qui que ce soit hormis ses compagnons de route. Il lui manquait cependant la maturité de l'un, le désir effréné à la fois de vivre et de se détruire de l'autre, l'introversion naturelle et maladive du dernier. Très vite il est revenu à la société, attiré par les vacances, le bleu de la méditerranée et l'affection de la jolie Gasty.

Lui aussi rêvait de partir. Il est devenu conservateur de musée. Vivre dans le passé quand on voulait découvrir d'autres cieux…

Qui était cet autre Jacques, ce quatrième larron qui interpellait fort le reste du groupe et à qui personne n'avait songé à donner un surnom? Pour sûr, un marginal de la pure espèce. Un introverti chronique. Un excellent élève qui me battait d'un point entier sur la moyenne générale alors que nous nous suivions tous au dixième de point près. Il ne parlait à personne et, quand on s'adressait à lui, répondait invariablement : « Fais pas chier »

Il collectionnait les meilleures notes en dissertation et dans toutes les autres matières. Jamais, cependant, il n'intervenait en cours.

Il a raflé l'unique bourse de préparation à l'école de Saint Cloud. Il l'a aussitôt perdue car l'oral tient sa place dans notre monde, en particulier après soixante-huit. Il a ainsi empêché un « moins bon » que lui selon les critères traditionnels de l'école ratatienne, d'accéder à cette grande école. Un moins bon qui l'aurait valu mille fois et aurait su tirer le meilleur parti de la chance qui lui était donnée.

« Nous, on buvait des canons » me disait l'autre jour Michel, autre élève de cette promotion, noceur devenu principal de collège, « mais on savait où on allait et on est quand même arrivés quelque part… »

Directeur et professeurs

Rotative

Le latin ne fait plus partie du programme de l'école normale. En revanche, il nous faut choisir une deuxième langue pour répondre aux critères de la nouvelle section A4 du baccalauréat.

Les cours de deuxième langue ont toujours lieu l'après-midi, ce qui leur donne un arrière goût d'activité plus légère et plus agréable. Je me souviens de salles de classe ensoleillées et, particulièrement la première année, de lourdes somnolences post-prandiales. Ces heures de réelle souffrance pendant lesquelles mon occupation majeure consistait à garder les yeux ouverts m'avaient inspirée le jour où Monsieur Bourgeois, notre professeur de français, nous avait demandé de rédiger un pastiche de poème. J'avais alors sélectionné celui de Verlaine : *Le ciel est par-dessus le toit* que j'avais perverti en décrivant notre ciel bleu, le soleil frappant dur sur la vitre et j'avais terminé en clamant :

« Que fais-tu, toi que voilà, *parlant* sans cesse,
Que fais-tu, toi que voilà, de ma jeunesse ? »

J'avais également choisi ce thème lorsque Zinzin, le professeur d'anglais nous avait demandé de rédiger une page sur le printemps. La majorité de la classe s'était munie de son dictionnaire afin d'établir un inventaire exhaustif des fleurs et des oiseaux. J'étais, quant à moi, partie de cette somnolence insupportable des cours de l'après-midi qui tenait de l'obsession. Je regardais la vitre, y observant une mouche qui se prélassait dans ce même soleil accablant. Je l'imaginais, s'envolant vers le ciel doux et les senteurs du printemps qui nous faisait la nique de l'autre côté des murs du stalag. Avec dans la tête les accords éclatants de Stravinsky que nous venions de découvrir la semaine précédente et que le professeur de dessin nous avait suggéré d'illustrer. Si ce n'est pas du décloisonnement, ça !!!

Les hispanistes sont tous des débutants. Leur premier professeur ne leur fait pas une grosse impression. Elle arrive à petits pas dans ses bottines en moumoute, portant, bien enfoncé sur la tête, un bonnet de laine marron. Quand, au bout d'une demi-heure elle pense à faire l'appel, elle déclare systématiquement, brandissant le cahier : « la première chose que je fais quand j'arrive, c'est de prendre le cahier de textes ». À ce qu'on m'en dit, les leçons semblent épiques. On manipule apparemment beaucoup de papier, non pas pour prendre des notes mais à des fins bien plus improbables. Du moins je le suppose car le seul mot que les élèves ont retenu après plusieurs mois est « la bassoura » poubelle qui revient dans la conversation et remplit son office bien plus souvent qu'il ne serait nécessaire.

La deuxième année voit arriver un professeur du lycée voisin. Espagnol de souche, jeune, beau mais surtout dynamique et efficace. Il sait parler du pays. Il dévoile tout de suite ses faiblesses en reprenant invariablement le même exemple:

« Si j'étais riche, je m'achèterais une Renault ... »

Il attise la curiosité, met le doigt sur la différence, fait rêver les uns et les autres par l'écho des castagnettes ou le froufrou d'une robe à volants. Il insiste sur les idiomes et les coutumes parfois étranges. Comment dit-on qu'on est enrhumé ? Comment gère-t-on ces heures chaudes de l'après-midi ? Comment compense-t-on les retards ? Il décrit les hommes se faisant raser dans les barberias à dix heures du soir, les rues ensommeillées jusqu'à cinq heures et animées jusque tard dans la nuit. C'est une tout autre vie, un autre monde qu'il fait découvrir à ses élèves qui en oublient la bassoura et les boulettes en papier. Il prend à témoin Nuria qui confirme la sympathique philosophie du « Mañana ». Un éclairage particulier est apporté par cette adolescente qui donne une épaisseur à l'existence de ceux qui ont quinze ans de l'autre côté des Pyrénées. En quelques semaines le retard est rattrapé. Toute la classe se met à aimer cette langue en comprenant son utilité et ses finesses. Martine souhaite même continuer ses études en espagnol.

Je regrette amèrement de ne pas avoir choisi cette matière qui avait pour moi un goût de madeleine. Il y a une bonne raison pour cela : « Pieds Noirs » d'origine, je pratiquais l'espagnol avec mes tantes que je fréquentais quotidiennement quand nous vivions en Algérie. Venus directement d'Almeria, mes grands-parents savaient à peine s'exprimer en français. Lorsqu'il a fallu se décider pour une langue vivante, mon père m'a conseillé de me tourner vers une matière qui me serait vraiment étrangère afin d'élargir mon spectre linguistique. « Tu sauras toujours parler l'espagnol avec *nous autres*[26] ». Mais l'Indépendance est arrivée, détruisant à jamais mes racines. Les membres de ma famille ont quitté l'Algérie pour aller s'installer aux quatre coins du monde. Ils ne m'ont laissé que le souvenir de moments intimes auxquels j'associe toujours ma langue d'origine que je parle très mal. Au moment de prendre une seconde langue, c'est encore mon père qui a choisi : il avait été prisonnier en Allemagne pendant la seconde guerre mondiale. Il pourrait, disait-il,

---

[26] Faute courante des Pieds Noirs traduisant littéralement « nosotros »

m'aider à apprendre cette matière plus difficile mais, à son avis, plus utile. L'espagnol, insistait-il, ne me poserait aucun problème le jour où je voudrais m'y remettre.

Jamais il n'a pu m'aider en allemand car il ne pratiquait qu'un jargon de base, sans syntaxe ni accords. Il avait enregistré et répété maladroitement des bribes de cette langue, se constituant ainsi un kit de survie pendant ses années de captivité.

Pour compenser ce manque, je fais réciter ses leçons à Titine qui est surprise de me voir redécouvrir et reconnaître les mots entendus dans ma petite enfance. Je fais des acrobaties pour avoir la possibilité de suivre à la fois les cours d'espagnol et d'allemand. L'emploi du temps draconien ne le permet pas. Le professeur d'espagnol qui est le collègue et l'ami de mon cousin Claude se désole. « S'appeler Maldonado et ne pas parler l'espagnol ! Que verguenza ! »

Nous sommes un petit groupe de faux débutants en allemand. En effet, nous avions cette langue au programme en quatrième et en troisième. Puis nous l'avions remplacée par le doublon latin/mathématiques en classe de seconde C. Nous reprenons cependant à zéro, sans trop de souci. La première année se passe en douceur. Allure de croisière.

Changement radical l'année suivante : Voilà qu'arrive de Montpellier un petit bonhomme replet portant costume trois pièces et épaisses lunettes d'écaille. M. Bourg. Coup de fouet. Il n'a pas plutôt passé la porte qui se trouve au fond de la salle qu'il commence son cours. Avant d'atteindre le bureau il a déjà formulé son entrée en matière « Letzes Mal haben wir gesehen[27]... ». Quant à nous, nous nous sommes assis, avons ouvert le livre à la

[27] La dernière fois nous avons vu....

page qu'il nous indique au passage. Une vraie tornade. Il en est de même pour le contenu du cours. Nous devons tous les jours enrichir notre vocabulaire d'une dizaine de mots. Nous sommes constamment évalués sur nos connaissances en matière de déclinaisons. Nous devenons virtuoses en verbes irréguliers. Nous, les dilettantes, subissons de la part de ce petit homme vif, voire un rien inquiétant, une pression exceptionnelle. Peu à peu, le personnage se radoucit jusqu'à en devenir presque sympathique. Cependant le rythme ne ralentit pas et, de toute façon, nous avons pris le pli.

C'est dans ces conditions que je relève mon premier défi. Mon voisin de table, Jean-François dit Ronny pour quelque obscure raison relevant d'anciennes affinités musicales ou cinématographiques, n'éprouve pas la moindre difficulté à mener la classe. Il a en effet été soumis à un enseignement d'allemand première langue en Alsace où son père l'a envoyé étudier dans un internat catholique. Il est bien gentil mais il « roule un peu la mécanique », à mon avis sans mérite, puisque la matière avait été largement débroussaillée les années précédentes. Par ailleurs, sa famille parle l'alsacien. Pas de quoi faire une montagne de ses bonnes performances !

Je lui annonce que je finirai bien par le battre. Il me rit au nez. S'engage alors une bataille sans merci. Rotative, car c'est ainsi que nous avons surnommé notre professeur hyperactif, a tout juste le temps de poser sa question : nous y répondons avec emphase. C'est à celui qui se fera interroger en premier. Les autres élèves sont ravis. Francine, Stick, Ursule, Gaston, Béru, Dupond et Pondu peuvent prendre un peu de repos et plonger dans une léthargie momentanée. Ils s'habituent à cette joute et ne cherchent même plus à participer.

Nous voilà en position de force. Lorsque le professeur dit ou fait quelque chose de déplaisant, nous prenons tous deux, d'un commun accord, la décision de faire la grève. S'installe alors dans la salle un silence de mort au grand désarroi de notre dynamique enseignant. La plupart du temps, l'atmosphère est animée car, outre le besoin de dominer, nous aimons bien cette matière qui exacerbe notre esprit et nous oblige à réfléchir vite et bien. En fin de trimestre, au moment de nous donner une note d'oral, Rotative nous dira avec un petit sourire en coin : « Vous méritez 18 tous les deux mais vous n'aurez que 17 car vous bavardez trop ensemble ».

J'ai fini par obtenir la meilleure note en allemand au dernier devoir surveillé de l'année. « C'est », dit alors mon adversaire, « un coup de chance... J'étais malade... » Bien sûr !

Le traître a finalement pris sa revanche. De plusieurs façons. Présentée à sa famille, la belle-fille que je suis devenue a dû ouvrir toutes grandes ses oreilles et se triturer l'esprit pour comprendre les échanges des cousins et cousines de Mulhouse et tenter d'y participer. Yé la la !

Notre professeur tente de passer l'agrégation. À l'oral, il bute sur un problème qui, selon l'avis du jury, semble capital : lorsqu'il parle français, son accent du midi est trop prononcé ! Dans une autre académie, c'est un professeur de SVT qui recevra la même observation...

Autres défis

La présence des garçons dans notre classe a eu un effet certain sur le groupe. Nous, les filles, tenons à donner une image positive de nous-mêmes. Nous travaillons le mieux possible pour faire aussi bien, sinon mieux, qu'eux.

Nous avons de bonnes raisons d'étudier sérieusement. Plusieurs d'entre nous désirent continuer leurs études. Pour obtenir une bourse, il faut faire partie de la tête de classe.

Martine et moi avons nos habitudes : nous apprenons nos leçons en arpentant les couloirs du rez-de-chaussée. Nous avançons pas à pas, répétant les nombreux textes à retenir, en particulier les pages d'histoire et de géographie. Chaque radiateur représente un îlot contre lequel nous nous arrêtons : c'est alors le moment de réciter ce que nous venons de mémoriser. Quand, à présent, je longe ces mêmes couloirs, me revient, poignant, le souvenir de ces jours qu'avec le temps, j'ai engrangés parmi les moments heureux de ma jeunesse.

Nous avons investi d'autres endroits auxquels nous ne renonçons sous aucun prétexte : le minuscule escalier en colimaçon qui jouxte le gymnase et mène à ce qui sert à présent de bureau aux professeurs de français. Nous nous y sentons en sécurité, isolées, à l'abri, à l'aise, vautrées sur l'escalier moquetté, nos cahiers, livres et stylos étagés sur les marches au-dessus de nous. Rigolades mais aussi beaucoup de sérieux. Nous sommes de bonnes élèves.

Nous affectionnons particulièrement la bibliothèque, à présent rebaptisée « salle Brégeon ». Nous aimons prendre place autour de l'immense table rectangulaire recouverte de cuir vert.

C'est le lieu idéal pour les dissertations. Odeur de cire et grands espaces. Nous avons accès à tous les livres, aux dictionnaires. Nous discutons, donnons notre avis, générant des échanges très fructueux. Nous imaginons posséder une pièce de ce genre dans la maison que nous habiterons plus tard. Une grande bibliothèque. Un lit surélevé qui se déplacerait, à l'aide de poulies, le long des étagères du haut et duquel nous choisirions nos lectures, allongées comme Cléopâtre, un chaton endormi dans notre giron....

Quand il m'arrive de travailler dans cette salle qui sert encore de bibliothèque et de salle de réunions, je reprends la même place, dos aux fenêtres, juste au milieu. Je m'y sens chez moi. La machine remonte le temps.

Jusqu'à présent, nous avons travaillé assez honnêtement. L'intrusion des garçons sème la perturbation dans notre monde réglé comme une horloge. À l'occasion des devoirs surveillés d'histoire et de géographie, ces messieurs arrivent bien équipés : un dossier par leçon. Dès que le sujet est distribué, ils se penchent sur leur cartable et se servent. Le professeur n'y voit que du feu. « Peu importe », pensons-nous. « De toute façon, il faudra bien connaître les contenus pour l'épreuve du bac, alors autant nous y mettre tout de suite ». Et pourtant... Il se présente un gros inconvénient : je m'en rends compte le jour où nous devons commenter un sujet sur Marseille. Il faut non seulement répondre aux questions mais également dessiner, de mémoire, la carte de la ville. En utilisant ce que j'ai dans ma tête, en reproduisant de mémoire, un plan très honorable, j'obtiens la place de seconde. Le premier était Minus qui me battait d'un quart de point... en ayant triché et copié la carte !

Les résultats représentent un enjeu important car, à la clé se trouve la bourse. Le dossier scolaire compte alors autant que les résultats obtenus à l'examen. Nous, les filles, devons alors nous organiser pour ne pas nous laisser distancer d'une façon aussi sournoise. À leur instar, nous imprimons l'empreinte des cartes sur des feuilles blanches. De loin, le professeur ne remarque rien. Nous, en revanche, n'avons plus qu'à suivre les traits qui ont légèrement marqué la feuille. Cas de force majeure. Nous nous donnons bonne conscience en nous disant que nous devons absolument gérer la crise, sous peine de perdre une parité chèrement gagnée. Nous avons par ailleurs mémorisé tout le reste, y compris le nom des villes, des fleuves, des industries.

Il s'agit à présent de gérer les autres matières. Les deux Martine, Topy et moi-même mettons en oeuvre un travail communautaire en mathématiques. Je suis la spécialiste des fonctions, Topy celle des probabilités. Je suis forte en maths. Je suis assise au premier rang. Pendant le cours, Madame Denise, mon professeur, fait toujours ses démonstrations en me regardant. Si je fronce un tant soit peu le sourcil, elle recommence car je constitue pour elle un point de repère sérieux.

Les Martine ne montrent manifestement aucune propension pour les matières scientifiques. En revanche, elles nous apportent une aide conséquente dans le domaine de la littérature. Elles exécutent les recherches de fond pour les exposés que nous n'avons plus qu'à mettre en forme et présenter à la classe. Le bac soixante-huit viendra bouleverser l'ordre des choses. Reste néanmoins le souvenir d'une course aux notes et d'une certaine frustration lorsque les valeurs n'ont pas toujours été reconnues. Je suis partie à Dijon. Martine avait l'étoffe d'une étudiante de grande école mais elle n'a pas obtenu de bourse. Celle qui a pris sa place n'a pas su tirer parti de l'énorme avantage dont elle jouissait. Elle a déclaré forfait au bout d'une année.

Le contact des normaliens nous a, dans l'ensemble, été bénéfique. À leur contact, nous avons perdu un peu de notre naïveté. Nous avons appris qu'il fallait apprendre à nous battre avec les mêmes armes que l'adversaire si nous voulions espérer vaincre.

Nous avons vécu une période de transition au cours de laquelle la nouvelle mixité à laquelle nous étions confrontées nous a permis de prendre conscience de notre place et de commencer à œuvrer sérieusement pour une parité. Je me souviens de débats épiques au cours desquels certains garçons, dont faisait partie mon futur époux, annonçaient froidement leur mépris pour les femmes actives. L'image de la mère au foyer était encore bien ancrée dans les esprits de ceux qui allaient vivre cette période mouvementée et enseigner aux générations à venir un nouveau mode de vie.

Nous, les filles de cette époque, avons servi de cobayes, essuyant les plâtres dans nos premières, fragiles tentatives de conquête de nos libertés. « Soixante-neuf, année érotique » dira Jane Birkin, elle-même fortement cadrée par un amant pourtant libertaire. Pour moi, ce fut la fin d'une jeunesse surprotégée, le passage d'une tutelle à une autre plus pernicieuse, le début de nombreuses frustrations accompagnées de satisfactions essentiellement dues aux performances professionnelles qui apportaient la preuve de ce que je valais.

Il m'en aura fallu du temps pour réaliser les rêves imaginés là-bas, sur les marches d'escalier ou encore, à la grande table de la bibliothèque de l'école normale d'Auxerre.

Nanou

Elles sont deux, venues des environs de Paris, admises sur liste supplémentaire. Du sang nouveau chez les petites Bourguignonnes. Gasty est, pour sa part, une « Martine » dont le prénom déjà redondant est vite oublié au profit d'un pseudonyme peu original mais bien utile. Elle a tiré au sort Gaston qui devient son mari pédagogique et lui transmet son surnom féminisé. Gasty, femme de Gaston. Grande fille très fine, très moderne, très jolie. Une aubaine pour ses camarades qui profitent sans vergogne d'elle en lui empruntant à tout bout de champ les vêtements à la mode qu'elle a rapportés de Paris et qu'elle partage volontiers. À chaque sortie, on demande son avis car elle représente le critère du bon goût. Gentillesse et joie de vivre caractérisent cette adolescente longue et fine. Une Twiggy[28] souriante, parfois un peu écervelée. Très vite elle s'accoquine avec Zig, Biquette et Alain, formant un joyeux quatuor qui fera les beaux jours de la brasserie Haillot.

Assise à côté d'elle en classe, Nanou. Un peu plus âgée, plus posée, Nanou vient de Moret sur Loing. D'une beauté racée, elle attire sans le savoir les normaliens plus âgés tout en leur inspirant le respect. Cheveux bruns courts, bouche charnue, sourire discret, regard sérieux. Nous passons d'agréables moments avec elle car, bavarde, elle aime bien raconter sa vie quotidienne à Moret. Les petits matins paresseux où, avec sa mère, elle tartine largement des

---

[28] Mannequin londonien très en vogue à l'époque.

tonnes de biscottes au mépris de toute forme de régime. Les promenades au bord du fleuve avec Elian.

Elian. Ce prénom peu ordinaire donne à son récit une couleur particulière. Nanou et Elian s'aiment d'un amour courtois. Jamais ils ne s'embrassent. Cependant, ils se retrouvent et se promènent main dans la main des après-midis entiers le long du Loing, jusqu'à la tombée de la nuit. Enfin il la raccompagne et lui serre la main une dernière fois. La jeune fille revient le dimanche soir, la tête dans les étoiles. Elle raconte, les yeux encore éblouis, et nous, les romantiques en herbe, nous l'écoutons, un peu incrédules. Zig est la plus pragmatique et la plus critique. Elle a du mal à imaginer le caractère platonique de l'affaire, elle qui mène, depuis quelque temps, une vie amoureuse des plus tumultueuses.

Régulièrement au cours des longues journées d'attente, Nanou nous ramène à Elian. C'est, dit-elle, un garçon discret, prévenant. Le portrait qu'elle en fait semble idéalisé. Cependant, il est là, toujours présent, et elle lui reste fidèle en dépit des jours de solitude et de la distance.

Après sa quatrième année de formation, Nanou retrouve Elian qu'elle épouse. Ils auront un fils au prénom non moins romantique : Tristan. Adolescents, ils ont rêvé d'autres horizons. Ils réalisent leurs projets et partent enseigner en Louisiane. Le soleil, les bayous, les gens aux accents créoles à peine intelligibles les enchantent. Ils s'ouvrent sur un monde à la fois fragile et profondément humain et se prennent à aimer très fort cette nouvelle vie.

Le couple devra bientôt rentrer. Le sort n'est pas toujours favorable aux amoureux et aux gens de valeur. Nanou se découvre un cancer. Elle vit cependant sa maladie avec beaucoup de courage. Elle en parle librement lorsqu'elle vient assister à la réunion des vingt ans de la promotion. Elian est encore là, qui l'écoute et la soutient.

C'est la dernière fois que nous verrons Nanou. Peu après, elle disparaîtra, laissant derrière elle une énorme tristesse et un sentiment d'impuissance et d'injustice. C'est un peu *le Grand Meaulnes*, le bal inaccessible, le sort intransigeant, et, tout au bout, la désolation.

Le professeur de dessin, Melle Jordonnet, « Madame », M. Picard.

La fête de Noël

Nous venons de passer le cap des premiers mois à l'école normale. Peu à peu, nous nous habituons aux us et coutumes parfois surprenants de ces lieux. Nous avons appris à vivre ensemble, à chanter, à nous apprécier. La soirée de Noël apporte un plus à notre éducation.

Bientôt les vacances. Nous allons rentrer dans nos familles. Nous irons chercher mon frère qui revient de Marseille. Domi m'a offert un trente-trois tours de Jean-Christian Michel. Je lui ai fait imprimer des cartes de visite accompagnées d'enveloppes doublées de papier de soie rouge. Martine n'entend plus parler de Bernard. Elle se fait à l'idée de ne plus le revoir mais elle est bien triste. L'entrée dans cette école en est la cause mais, comme dit l'adage : « L'absence est pour l'amour ce qu'est pour le feu le vent. Elle éteint le petit et allume le grand ».
Nanou retrouvera Elian. Comme dit l'adage…

Mais en attendant, on prépare ici ce qui devrait être une belle soirée. C'est Vendredi soir. On a élevé un immense sapin dans la salle à manger. Les tables ont été disposées de façon plus conviviale. On se croirait à un banquet. À la table du haut prendra place Madame accompagnée d'Élise, de Madame Picard, adjointe de l'intendante et de son mari, directeur de l'école annexe. Ont été invités quelques professeurs et des membres du conseil d'administration.

On nous a réservé un menu exceptionnel. Il faut cependant admettre qu'ici, les repas sont toujours excellents. Zig qui fait un régime soutenu « craque » systématiquement en voyant arriver le hachis Parmentier du jeudi. Le vendredi soir, c'est à qui s'installera en premier aux longues tables car on nous sert non seulement une omelette qui nous fait littéralement lécher le fond de nos assiettes, mais aussi une mousse au chocolat divine. Dans leur réfectoire, les garçons se lamentent car ils subissent un régime si peu satisfaisant qu'ils décident de boycotter les repas. Leur cuisinier rencontre en effet des problèmes personnels qu'il doit régler au plus vite. Nous soutenons les copains en leur apportant des sandwichs et nos desserts.

Cette soirée de Noël ne réunira que les filles. Cependant, on nous a demandé de nous faire belles. L'événement doit compter et rester gravé dans nos mémoires.
Branle-bas de combat dans les dortoirs. Tout le monde a pris une douche. Nous sortons ce que nous avons de plus chic. Maman m'a acheté une robe verte rehaussée d'une broche en strass. Elle m'a également permis de choisir mes premières chaussures à talons. Des chaussures vernies noires qui me font ressembler à Minnie Mouse. Elle n'hésite pas à me faire plaisir car je l'ai déchargée d'un lourd fardeau en acceptant d'entrer dans cet établissement. Je me trouve élégante dans cette robe pourtant trop longue et trop sérieuse pour une adolescente. J'ai l'air d'une adulte caricaturée et mal dégrossie. J'aurais certainement été bien plus mignonne en optant un de ces mini pulls Shetland de couleur vive que Maman me tricotait si bien et une petite jupe toute simple.

Enfin, nous voilà prêtes. Je me suis un peu tailladé le tibia en voulant me raser les jambes trop rapidement... Gasty m'a prêté de l'eye-liner noir que j'ai appliqué sur mes paupières avec plus ou moins de bonheur. Le tout, c'est d'y croire.

Nous descendons solennellement le grand escalier et tout aussi solennellement, nous entrons dans la salle à manger. La soirée débute par un canon que nous exécutons avec enthousiasme. Il s'agit de *L'enfant au tambour*. Le ton est donné. La nuit s'annonce belle.

Bouchées à la reine, dinde et bûche maison. Nous avons même droit à une bouteille de vin par table. Les invités de marque nous impressionnent et brident un peu notre enthousiasme. Les commentaires graveleux de Zig à propos de l'indigente représentation masculine passent de bouche à oreille, à peine discrets, générant des accès de fou rire difficilement retenus.

Arrive le moment des cadeaux. Sous le sapin sont amassés de nombreux petits paquets. Chacune en prend un. Le principe est simple. Quelques jours auparavant, on nous a demandé d'acheter un présent modeste d'une valeur de vingt à vingt-cinq francs (environ quatre euros), et de l'emballer dans un paquet-cadeau. Tous les présents ont alors été rassemblés dans un grand panier et sont redistribués au hasard. De cette façon tout le monde reçoit quelque chose. Cette pratique renforce le sentiment d'appartenance à une grande famille. Nous découvrons avec joie le petit objet que nous avons reçu. Quel qu'il soit, c'est une surprise. Tout le monde est content de participer à la bonne humeur générale.

Le Noël soixante-sept sera mon dernier à l'école normale. Cette année-là, notre nouveau professeur d'arts plastiques, un jeune blondinet mignon tout plein, se sent suffisamment à l'aise pour raconter quelques histoires belges. Succès garanti et vivats des normaliennes plus âgées. Hé ! Il pouvait représenter un bon parti....

Monsieur Sire n'enseigne plus à l'école depuis l'an dernier. C'était notre artiste, un vrai, ouvert, inventif et toujours prêt à se mettre à notre portée. Nous ne savons pas où il est parti mais nous regrettons tous sa silhouette haute et dégingandée, son air bourru et ses grosses lunettes d'écaille. Il a su aplanir les différences, associer filles et garçons dans des projets qui auraient fait bondir notre pudibonde Ratati : séances de croquis, discussions à bâtons rompus, conseil judicieux, visites d'expositions. Il nous a initiés à la beauté de l'abstraction et invités à transgresser par un graphisme nouveau.

Nous considérons avec une bienveillante indulgence son successeur qui, en dépit de sa jeunesse et de son charme, aura fort à faire pour soutenir la comparaison.

À la maison, nous fêtons également Noël. Mon frère m'a offert un disque. J'ouvre le paquet, tout heureuse : il ne peut que s'agir du trente-trois tours de mon chanteur préféré, Adamo. J'ai fait suffisamment d'allusions à ce sujet pour mettre la puce à l'oreille à toute la famille ! Déception : Paul m'a surestimée. Il a choisi le disque d'une illustre inconnue, Anne Sylvestre. Je le remercie poliment mais je broie du noir. C'est qui, celle-là ? C'est alors que j'entends, parvenant de la cuisine où trône le tourne-disque familial, ma chanson préférée. Adamo est au rendez-vous. Merci Maman. Mon cœur se gonfle encore au souvenir de cet incontestable témoignage d'affection, cette preuve que, derrière une apparente indifférence, elle était toujours à l'écoute.

J'ai très vite appris à apprécier Anne Sylvestre. J'ai compris combien le choix de mon frère était judicieux et en quelle estime il devait me tenir pour penser que ces textes-là me plairaient. Je me suis, par la suite, souvent identifiée à cette artiste qui confirmait par ses paroles dévastatrices ce que je pensais tout bas.

À l'école, nous disposons, au bout du couloir, à côté du gymnase, d'une vaste pièce de vie équipée d'une chaîne stéréo. Notre foyer. Confortablement assises dans des fauteuils, les pieds sur les tables basses, nous écoutons avec plaisir les musiques apportées par les unes et les autres. Moments de convivialité où, toutes classes confondues, nous bavardons à bâtons rompus ou restons tout simplement rêveuses, silencieuses, dégustant sans modération ces instants privilégiés.

Le foyer

Une étrange affaire

Rien ne va plus dans notre promotion. L'atmosphère se fait de plus en plus pesante. On se regarde avec méfiance. Depuis quelque temps, des affaires disparaissent. Or tout reste ouvert. Il était bien entendu que la confiance régnait. Au début, l'une d'entre nous pense avoir oublié son pull-over quelque part. Quoique... Non, ce n'était pas possible. Elle se rappelle parfaitement l'avoir posé sur son lit le matin même... C'est alors une veste de jogging qui disparaît, puis un, puis plusieurs stylos, des feuilles, des ciseaux. Des lunettes de soleil. Une paire de chaussures.

La psychose s'installe : trop c'est trop.

« ... Plein le dos, plein l'.......

« ... Plein le fond des godillots

« ...Des pelles, des pioches, des vis et des boulons.. » dirait Zig pour exprimer son ras-le-bol intégral... Personnellement, je sais que je ne suis pas coupable. Cependant je vis mal dans ma peau ; je me sens perturbée, extrêmement mal à l'aise à l'idée que quelqu'un puisse me soupçonner. Moi-même, je soupçonne bien l'une ou l'autre. Je regarde à deux fois avant de laisser traîner un livre ou un stylo. Je suis des yeux avec insistance celle qui passe un peu trop près de mon casier. Cet inconfort doit sûrement se traduire par un comportement guindé. Je dois laisser transpirer ce malaise et par là, peut-être, inquiéter mes camarades. Je me confie à Martine qui me rassure en expliquant qu'elle se sent également embarrassée et qu'il en est sûrement de même pour les autres.

Un soir, nous décidons de nous réunir dans la classe. Nous essayons de mettre les choses à plat. Nous n'avons pas encore prévenu l'administration et nous aimerions pouvoir régler le problème entre nous, sans heurt, sans publicité. C'est la première fois que nous sommes confrontées à un vrai problème. Pour la première fois nous est donnée l'occasion de réagir de façon citoyenne et de faire preuve de bon sens, voire, si tout se passe bien, d'indulgence. Seulement il faut avant tout que la coupable se mette à table. Pour cela il faudra la cuisiner pour qu'elle crache le morceau... Pour le moment, c'est elle qui nous plume... Que d'expressions culinaires pour décrire un état de fait plutôt indigeste ! La situation s'envenime quand, croyant agir en bon détective, Zig s'adresse trop directement à une de nos camarades qui prend mal la chose et se met en colère. L'une d'entre nous a en effet l'habitude d'affabuler. Elle demande même à des copains d'aller lui voler des disques les jours de sortie. Nous l'écoutons toujours avec amusement et indulgence car nous savons qu'elle entretient avec ses parents des relations houleuses au sujet desquelles elle refuse absolument de se confier, même à ses meilleures amies. Aujourd'hui les soupçons se dirigent naturellement vers elle. Elle s'en rend compte et en souffre. Échanges agressifs suivis d'une crise de larmes.

Elle n'a pourtant rien à voir avec ces menus larcins.

Et puis un matin, Lucile, notre meilleure médiatrice, modèle de patience et de vertu, se cogne par hasard contre la porte d'un casier qui s'ouvre et découvre le butin qui y avait été soigneusement stocké jour après jour. Éberluée, Lucile tire une manche : c'est bien son jogging. Le reste tombe en avalanche. L'une après l'autre, les victimes retrouvent, entassés pêle-mêle dans ce casier exigu, les objets souvent sans valeur qui leur avaient été dérobés. Zig est prête à tomber à bras raccourcis sur la coupable qui se tient timidement à l'écart, comme recroquevillée sur elle-même, penaude.

En fait, nous avons toutes du mal à croire que Francine soit coupable. Elle a toujours été très effacée, discrète, serviable. Elle suit les cours d'allemand avec moi et, de ce fait, nous partageons plusieurs heures d'étude pendant lesquelles nous nous faisons réciter nos leçons. Très souvent, c'est elle qui me prête un stylo, une gomme ou une paire de ciseaux car je ne sais jamais où j'ai rangé mes affaires. « Une truie n'y retrouverait pas ses petits » dit toujours ma mère pour décrire mon armoire. J'ai mal pour elle. Étrangement, nous éprouvons plus de pitié que de colère pour la pauvre fille. Elle n'a pas vraiment d'amies. Nous ne savons rien d'elle. Ce qu'elle a vécu, ce qu'elle vit dans sa famille, personne ne peut le dire. Elle est là, plantée devant nous, interdite, bloquée dans son désespoir. Ce qu'elle a volé représente peu de chose. C'est le geste d'une kleptomane, d'une voleuse impulsive. Sans même nous consulter, nous sommes toutes prêtes à lui pardonner. Ce qui compte c'est qu'à présent nous pouvons à nouveau vivre dans un climat de confiance. Nous respirons mieux car il valait mieux que ce soit elle, qui ne représentait rien, plutôt que notre meilleure amie. Surtout, plus personne ne risque de penser que la coupable, c'était peut-être nous. Soulagement général. Nous cherchons même à lui trouver des excuses car il est évident qu'il s'agit d'un cas clinique. Nous prenons la décision de la prendre en charge et de l'aider.

L'administration que, par la force des choses, nous avions fini par prévenir, n'est pas de cet avis. Tout vol doit être sévèrement puni, à plus forte raison lorsqu'il est perpétré par de futurs éducateurs. Nous plaidons. Nos professeurs sont conscients des problèmes psychologiques de notre camarade qui devra cependant passer devant le conseil de discipline. La sentence est clémente. Francine ne sera pas radiée de l'éducation nationale. L'école lui donne une seconde chance. Seulement, elle sera mutée dans un autre établissement. Elle partira pour un département voisin où personne ne la connaît et personne ne pourra divulguer ce qui s'est passé.

Ses parents sont venus chercher ses affaires le week-end suivant. Lorsque nous rentrons, le dimanche soir, son box est vide. Nous n'étions pas nombreuses en allemand. Trois filles contre une poignée de garçons plus ou moins amènes. Je regrette de ne pas avoir pu lui dire au revoir. Elle me manquera.

À moi elle n'avait jamais rien volé.

Une fois Francine partie, nous reprenons notre train-train quotidien, un peu honteuses cependant d'avoir, à un moment ou à un autre soupçonné une amie ou même celle qui parlait trop. Gênées aussi, peut-être, de ne pas avoir été suffisamment à l'écoute d'une camarade en manque d'amitié. Avait-elle lancé des signes de détresse que nous n'avions pas su interpréter?

À chacun ses problèmes, ses phobies, ses angoisses. Avons-nous le droit de jeter la pierre ? Ne cachons-nous pas toutes, enfoui au plus profond de nous-mêmes, un fait, le souvenir d'une mauvaise action qui s'accroche à nous, nous poursuit et dont nous ne sommes pas très fières ?

Les amours normaliennes

Ils sont combien déjà qui se sont mariés dans notre promotion ? Nous en ferons bientôt le compte...

À commencer par moi...

Ça n'allait pas très fort ce jour-là et je broyais du noir, seule dans le couloir faisant face à la salle d'allemand. Soudain j'ai senti une main sur mon épaule. C'était Jean-François, celui qu'on appelait Ronny parce que Ronny Bird ou Ronny autre chose, artiste de rock n' roll, était en vogue à l'émission « Salut les copains ». Je trouvais ça grotesque. J'avais d'autant moins d'affinités avec ce garçon qu'il se vantait de passer ses samedis à se soûler et à prendre part à des bastons dans les bals environnants, accompagné de quelques autres lascars de la promotion. Peut-être désirait-il simplement, par ce comportement, prouver que le fait de sortir d'une école religieuse ne faisait pas pour autant de lui un enfant de chœur ? Lorsqu'ils sont arrivés dans notre classe, les « durs » ont pris place au fond, à côté du radiateur, comme on dit. De grands loustics costauds et goguenards coiffés et bottés à la James Dean. Pas du tout notre genre. Martine et moi ne leur adressions même pas la parole. Je ne sais pas quelle impression nous leur avons laissée mais, de nombreuses années plus tard, j'ai compris que notre jugement avait compté : j'ai retrouvé un jour l'un d'entre eux dans l'établissement dont il était devenu le principal. Sans le savoir, c'est chez lui que j'amenais en visite un groupe de professeurs britanniques. Au moment d'offrir le pot de l'amitié, le grand Michel à la tignasse devenue toute blanche s'est tourné vers moi et m'a regardée d'un petit air coupable : « C'est de coutume, non, dans la région ? Un canon… »

« Je te comprends », me dit Ronny cet après-midi-là. « Moi aussi, j'ai laissé ma femme à Toulon et je souffre de son absence. C'est la raison pour laquelle on m'appelle X 13 ». Je le regarde, suffoquée. Pour le coup, j'ai carrément envie de rigoler. Il faut voir sa tête : il n'a rien d'un Roméo. Il rappellerait plutôt les ados représentés dans les bandes dessinées américaines d'*Archie*. Grosses lunettes, acné juvénile et mobylette pétaradante.

Enfin, il n'est pas vraiment antipathique et j'apprécie quand même son geste compatissant.

Quelque temps après, il semble s'être consolé. En effet on le voit souvent en compagnie de Chantal, une fille très sage de notre classe. Toute de rose vêtue, elle marche toujours à pas mesurés, un peu traînants. Coiffée comme une petite fille modèle, elle inspire la confiance et la tendresse. Elle est un peu bizarre et on la retrouve parfois endormie en haut d'une armoire.

Il semble que le garçon se détache peu à peu du groupe de « tueurs » dont le profil ne cadre pas du tout avec celui de sa nouvelle conquête. Cependant, il ne les renie pas pour autant et viendra systématiquement à leur rescousse chaque fois que nous porterons sur eux un jugement négatif. Il pleurera René qui, au seuil de sa vie d'homme, a trouvé la mort dans un accident de moto.

Entre-temps, nous avons sélectionné un groupe de chevaliers servants avec lesquels nous arpentons les rues d'Auxerre le jeudi après-midi : il s'agit de Coco, mon mari pédagogique, Paul, Minus et Pygmée. Il semble se former quelques liens discrets entre Paul et Titine. Quant à moi, je me laisse doucement courtiser par Minus qui est encore si petit qu'on ne saurait le prendre au sérieux. Quoique…

L'autre Martine de notre quatuor féminin s'est, par hasard, découvert un amoureux transi. Envoyé en section scientifique à Dijon, il revient un dimanche avec la ferme intention de lui faire sa demande. Pour l'occasion, il s'est acheté un éblouissant costume blanc... Anxieux, frigorifié, il arpente l'espace désertique de la place de l'Arquebuse. Prévenue par la rumeur, Martine s'est assuré, quant à elle, une escorte féminine imposante qui ne se prive pas de faire des commentaires. Cheveux gominés, beau comme un camion ! Rigolade générale. Qui donc a déclaré que les filles étaient charitables ? Nous ne lui parlons surtout pas du bal du dimanche qui se trouve à deux pas. Il repart, l'âme en peine, gentiment mais définitivement éconduit.

Notre normalien éconduit est revenu diriger l'un des collèges d'Auxerre. La jeune fille avait trouvé chaussure à son pied dans le vivier de la promotion supérieure. Elle ne regretta jamais sa décision.

Petit à petit, Ronny abandonne ses acolytes et se joint à notre groupe. Nous menons une lutte âpre et sans merci pendant les cours d'allemand mais cette rivalité féroce nous rapproche et nous amène à nous apprécier. Nous passons quand même du bon temps ensemble.

Il faudra encore un an pour que les choses évoluent. Un dimanche après-midi, nous nous rendons au bal du Casino après avoir travaillé un moment sur la dissertation hebdomadaire. Les copains nous y rejoignent. Ronny danse tendrement avec Topy. Ce genre de relation ne porte pas à conséquence. Le lendemain, cette dernière règle très vite la question : « On s'est un peu laissés aller. C'est bête. On reste copains ? ». « Ok, On reste copains. » répond Ronny. Quelque temps plus tard, nous retournons au Casino. Sur la piste, je me fais harceler par un garçon de l'extérieur, un de ces jeunes de l'école militaire de Monéteau que je finis par gifler. Vexé, le balourd fulmine et s'apprête à me rendre

ma gifle quand arrive Zorro qui, mettant à profit son expérience des bastons hebdomadaires, le menace, lui ôtant toute envie de continuer. J'accorde un slow langoureux à mon sauveur.
Dominique a disparu de mon horizon depuis longtemps. Il revient à la charge de temps à autre mais quelque chose s'est brisé et je ne le vois plus avec les mêmes yeux. J'ai évolué, lui non. Du moins, nous n'avons pas évolué de la même façon. Dans cette école, je me sens autonome, libérée de toute attache alors que, comme mes camarades, je me dirige inconsciemment vers l'inévitable idylle « normalienne » formatée, destinée à unir de futurs enseignants qui, suivant le principe de l'aveugle et du paralytique, ne s'impliqueront que mieux dans leurs tâches professionnelles. Ensemble, nous serons censés lire le « Code Soleil » qui, dans ses premières versions, conseillait l'abstinence aux couples les veilles de jours de classe, et le code Ferré qui répondait avec conviction à toutes les questions professionnelles et existentielles.[29]

Je n'ai jamais perdu de vue Dominique qui, d'une certaine façon, me sera resté virtuellement fidèle en idéalisant notre relation adolescente. Nous resterons vraisemblablement bons amis jusqu'à la fin de nos jours. « Peut-être », me dit-il en plaisantant, « nous retrouverons-nous un jour enfin en couple, côte à côte, dans une maison de retraite. Promets-moi que tu demanderas la même chambre ! »

Ce dimanche-là, cependant, il n'est plus question de pleurer sur mes amours passées. Je me laisse aller à la romance sur l'air de *la colline des vents.* S'ensuit une étreinte que je ne repousse pas… Je suis bien ennuyée car

[29] «*Morale professionnelle des instituteurs* » A. Pachod Editions de l'Harmattan « *Savoir et formations* », 2007.

je n'ai aucunement l'intention de m'engager avec qui que ce soit. Pendant le film du dimanche soir, j'expose mon problème au Conseil des Quatre. Sur les recommandations éclairées de mes amies, je joue, dès le lendemain, la carte Topy. « On s'est un peu laissés aller, c'est bête. On reste copains ? ». Je ne reçois pas la réponse espérée : « C'est que », dit le garçon, les yeux mouillés, « je pensais qu'avec toi ça pourrait être sérieux ». Pendant la pause, nous nous sommes écartés de la salle d'histoire. Il s'appuie au grand radiateur du couloir du gymnase. Aïe Aïe Aïe... Ça ne va pas être simple ...

Ça ne l'a pas été, en effet. Ça s'est terminé par dix-huit ans de mariage et deux enfants. Nous étions le premier couple marié de notre promotion.

En fait, la période romantique façon soixante-huit s'était doublée d'une prise de conscience, voire d'une révolution sexuelle que n'accompagnaient pas encore les garanties minimales destinées à apporter aux jeunes filles inexpérimentées que nous étions une réelle liberté de choix.

Les normaliennes de la promotion précédente avaient trouvé un moyen original et bon marché d'offrir un souvenir marquant à l'une de leurs amies. Tous les jours l'une ou l'autre d'entre elles subtilisait une fourchette, un couteau, un ravier, un bol, une assiette pendant l'un des repas. Pour indiquer discrètement aux autres leur forfait, elles levaient la main gauche en traversant le réfectoire. Lorsque le service a été complet, elles le lui ont offert en grande pompe.

Dans notre cas, nous avons bien reçu un service de table de notre promotion. Seulement, nos amis s'étaient cotisés et l'avaient acquis on ne peut plus légalement. Il y a quarante ans de cela. Il en subsiste quelques vestiges dans mon placard.

Marie-Laure fut en fait la première à se marier. Elle alla quérir hors de nos locaux son époux qui, cependant, appartenait également à la grande famille de l'Education Nationale. Trois enfants suivirent, dont l'un est enseignant.

Marie-Claude était une élève de notre classe. Très mûre, sérieuse, elle sortait depuis toujours avec Marius, son ami d'enfance. Nous la consultions souvent et respections son avis. Dans la promotion des garçons, Francis, dit « Callaghan », était un beau garçon blond et rieur qui faisait figure de chien fou. Sans le vouloir, il avait envoûté Dany qui se lamentait de son indifférence aggravée par une gentillesse naturelle.

Quand se produisirent les événements de soixante-huit, notre Marius auxerrois se confondit sans l'ombre d'une hésitation avec son homologue des *Misérables* et se lança, tête la première, dans la ruée des barricades. Plus rien ne comptait que la Révolution. « Sous les pavés, la plage », mais pas celle aux Romantiques...Dans la foulée, il oublia son amie qui, contrairement à Cosette, n'eut plus que ses yeux pour pleurer...« Un de perdu, dix de retrouvés » dit le dicton. Le soir où la promotion des filles décida de faire le mur, Marie-Claude avait repris le dessus. Il était temps qu'elle vive un peu. Elle enfila son kilt, se fit des couettes et escalada, avec les autres, le poteau télégraphique qui lui ouvrait le chemin de la liberté. Ce soir-là, elle remarqua enfin Callaghan à la grande satisfaction de tous qui voyaient leur copine retrouver le sourire. Ils furent le deuxième couple de la classe à se marier. Ils eurent deux enfants.

Les promotions précédant les nôtres comptaient deux frères, Régis et Jany. Dans une famille qui produisait deux normaliens, Titine choisit le troisième fils, Jean-Michel. Il n'était pas enseignant mais, au vu de la filiation, nous étions proches de la norme. Elle mit au monde deux filles. L'autre Martine épousa Alain, produit de la promotion supérieure, à qui elle donna également deux enfants. Chantal trouva chaussure à son pied en la personne de Philippe. Beaucoup convolèrent en justes noces avec des membres de l'éducation nationale : Gérard, Daniel, Joëlle, Coco, Titi, Baroche et bien d'autres dont j'ai oublié le nom. Destins étroitement liés, postes doubles, âges et intérêts analogues impliquant des retraites communes et confortables. Mais avant tout une réelle affinité mise en place et consolidée à notre insu.

Nous étions entrés dans la carrière, persuadés de notre libre arbitre. Avons-nous été manipulés malgré nous ? La chimie était bonne, les conditions idéales pour mettre en place des binômes rentables. Nous avions les mêmes enjeux, les mêmes besoins, nous partagions les mêmes joies, les mêmes tourments. Nous nous posions les mêmes questions et recevions les mêmes réponses.

L'École de la République avait vu juste : qui se ressemble s'assemble.

Et le plus drôle, c'est qu'à ce jour, nous sommes toujours convaincus d'avoir agi en toute liberté.

Vacances en Angleterre

Mai soixante-huit

Les vacances de Pâques viennent de se terminer. Bientôt le bac. Les professeurs mettent le turbo. Il faut finir le programme. L'école normale tient à sa réputation : la proportion d'échec est minime, voire nulle chez nous. Au petit matin se réveillent cependant les angoisses des unes et des autres. Alors que je m'habille, j'entends une de mes voisines psalmodier : « si seulement je pouvais avoir mon bac en même temps que mes vingt-et-un ans ! » J'ai un choc : je viens d'avoir dix-huit ans et moi aussi, je passe le bac. Mon souci n'est pas d'échouer : je n'ai aucun doute quant à ma réussite ; ce qui m'intéresse, c'est de savoir quelle mention je décrocherai et si j'obtiendrai la bourse qui me permettra de partir à Dijon continuer mes études.

Le seul avec qui le rythme reste le même est le professeur de philosophie. Il s'attarde sur Kant en nous disant qu'il faut laisser décanter. Nous avons du mal à prendre conscience de l'importance de l'enjeu. Cet examen est pour nous la conséquence logique de trois années d'études régulières et soutenues. Rien de plus qu'une évaluation. Les cerises commencent à mûrir dans le parc derrière l'école. À la pause, nous nous précipitons pour en manger. Nous faisons durer le plaisir, assis par terre en plein soleil le long du mur pendant que Bébel fait les cent pas dans le couloir. Nous revenons entamer la deuxième heure de cours les poches pleines de cerises. Les garçons en offrent au professeur qui n'ose pas les refuser mais qui ne sait plus quoi faire des noyaux qu'il garde serrés dans sa main gauche.

Il fait si beau dehors... Que fais-tu, toi que voilà...de ma jeunesse ?

Et puis arrivent les nouvelles de Paris : tout va mal. Les étudiants remettent en question les fondements mêmes de l'éducation. Les ouvriers se joignent aux universités pour contester leurs conditions de travail. Grève générale.

« T'avais un parfum de verveine
Et de grenade lacrymogène
Et puis, tu m'prenais pour Verlaine... »[30]

Soudain l'école s'éveille. Nous somnolons, une fois de plus, en cours de philosophie lorsque les étudiants du lycée viennent nous déloger. Enfin ! Un peu d'action. On nous explique que nous devons en toute conscience suivre le mouvement. Bébel s'affole et nous demande, les yeux plissés, la bouche pincée, de ne pas répondre à ce qu'il considère comme de la provocation. Notre professeur de français vers qui nous nous tournons, nous adresse un large sourire et se contente de nous faire comprendre que nous assistons peut-être à un moment historique dont nous sommes déjà partie intégrante.

Une assemblée générale s'organise dans le gymnase. Nous nous y rendons tous, désireux d'en apprendre plus car l'information reçue est relativement indigente autour de nous. Ce que nous y trouvons a de quoi nous déstabiliser. Marius a pris la salle en main. Il ne tente même pas de nous renseigner sur l'actualité et de nous expliquer les tenants et aboutissants de cette soudaine mise à feu. Il tient un discours révolutionnaire très général : il faut changer la société, démolir les barrières... On nous avait parlé de

---

[30] Pierre Bachelet « Vingt ans »

problèmes spécifiques qui semblent ici noyés dans une idéologie frisant l'hystérie.

Honnêtement, nous sommes pleines de bonne volonté mais nous avons besoin d'un vrai guide. Bien que peu sensibles aux démonstrations philosophiques, nous avons appris à débattre et à réagir en fonction d'éléments tangibles, concrets. Nous ne savons plus sur quel pied danser.

À l'instar de tous les autres établissements du pays, notre école ferme ses portes pendant trois semaines. Pas mal pour bachoter... Mais le bac en question aura-t-il lieu ? Avec les jours qui passent, il perd de sa réalité. Nous avons toujours été protégées et savons bien qu'il se passera quelque chose et qu'on ne peut pas annihiler aussi facilement une année de travail.

Il fait beau. Les parents semblent plus flexibles. Nous retrouvons les autres au village ou en ville où nous assistons à des réunions informatives. Le PSU accuse les communistes de saboter l'opération. Le 13 mai, on nous rappelle que dix ans plus tôt, notre dirigeant s'était engagé bien à la légère, provoquant l'espoir utopique, puis le retour dramatique des « Pieds-Noirs » leurrés par des promesses fantaisistes de ce même président qui « les avait compris ». Nous devenons les témoins de bras de fer épiques et faisons ainsi notre première promenade initiatique dans le monde sournois de la politique.

Ces trois semaines de grève seront l'occasion unique de rendez-vous romantiques dans la verdure de la campagne bourguignonne. Ronny habite loin, en Haute-Saône. Son ami Daniel lui propose de le loger chez lui, à quelques minutes de la maison. La mobylette remplit, sans faillir, son office, la marraine d'Alsace fournissant l'argent de poche nécessaire à l'achat de carburant et aux arrêts bistrots pour un citron pressé. Ronny n'ose pas me demander de choisir une boisson moins onéreuse. Je ne me rends pas compte que son argent de poche s'amenuise à chaque rencontre. Des années plus tard, il me surnommera encore « la comtesse des hauts d'Auxerre » en me reprochant mes dépenses inconsidérées. On ne vit qu'une fois, plaie d'argent n'est pas mortelle…

Il fait beau, la forêt nous appelle. Je me brûle le mollet avec le tuyau d'échappement. Pas facile d'expliquer la chose à une mère observatrice ! Je perds peu à peu mes convictions profondes quant à la nécessité formelle d'une virginité.

Mai soixante-huit restera dans les mémoires le temps des amours, du soleil et du farniente avec, au fond de l'estomac, ce petit malaise car on ne sait toujours pas à quelle sauce on va être mangé.

La France est citoyenne, voire révolutionnaire à ses heures. Nous suivons de près les informations à la radio et à la télévision. Nous formons notre opinion, dégagés de toute influence militante. Nous attendons la démission imminente du chef de l'État. Nous commençons vraiment à y croire lorsque tombe le couperet : « Je reste ! » Finie la grève, finies les illusions. Les vacances d'été sont trop proches. Les Français ont bien voulu, pour un temps, jouer les révolutionnaires mais le sacrifice du sacro-saint congé annuel est impensable. Tout le monde ne demande qu'à rentrer dans le rail après avoir expérimenté un mois sans salaire.

Nous retournons à l'école un peu déçus. Cependant, nous ne le savons pas encore mais les bases d'une nouvelle société ont, malgré tout, été établies. La différence apparaîtra, évidente, l'année suivante, à l'université.

Le décret tombe : les bacheliers soixante-huit passeront un examen oral. Pendant une journée entière, nous irons de l'un à l'autre, déversant nos connaissances auprès d' étrangers plus ou moins favorables au système, plus ou moins agacés par cette « chienlit » qui vient de se déclarer et qui a tout désorganisé.

Nous avons été entraînés, formatés à l'acquisition de compétences essentiellement écrites. Les excellents résultats de notre introverti de service en sont la preuve flagrante. Malgré l'intervention dynamique et valorisante de notre dernier professeur de français, nous sommes encore marqués au fer rouge par des années de méthodologie traditionnelle et « ratatienne ». Cette nouvelle forme d'évaluation plus conforme au climat actuel nous est encore étrangère et nous déstabilise, en particulier pour les épreuves littéraires à fort coefficient nécessitant une réflexion personnelle, un indispensable retour silencieux sur soi-même, un conflit avec la feuille qu'on remplit, puis qu'on froisse et jette alors que se profile une meilleure idée accompagnée d'une formulation plus adéquate. Il nous *faut* passer par là pour réussir notre devoir. Nous ne *savons pas* faire autrement.

J'ai toujours été scolaire. Monsieur Bourgeois me dirigeait sur Montesquieu alors qu'il lançait sans la moindre hésitation Martine sur Mallarmé. Cependant, seuls les garçons osaient encore palabrer sans vergogne, au « culot », sur des sujets qu'ils connaissaient à peine. Je n'arrive à décrocher qu'une mention « Assez Bien » qui résulte en l'attribution d'une bourse d'importance secondaire, à savoir une formation P.E.G.C[31]. Je serai aidée pendant deux ans seulement. En fin de course, on me gratifiera d'une certification qui m'autorisera à exercer un enseignement bivalent dans le premier cycle du secondaire. Il faudra que je continue par mes propres moyens ou que je

[31] Professeur d'enseignement général des collèges

passe les IPES[32] si je désire aller plus loin et obtenir le CAPES[33].

Alors que la plupart se réjouissent, je broie du noir. Jamais contente. Martine aurait mérité bien mieux que moi. Elle n'obtient pas la moindre bourse.

En quelque sorte, nous aurons, par ce sacrifice imprévu, figuré au tableau des dommages collatéraux dans ce Grand Chambardement.

Paradoxalement, le bac soixante-huit fut attribué à un pourcentage plus important de lycéens, l'indulgence étant généralement de mise dans les circonstances discutables où intervenaient le dossier scolaire et les options diverses.

« Cette année, on l'a donné même aux chiens dans la rue » clamait la tante Rosette dont le fils de notre âge avait connu un parcours difficile qui ne lui avait pas permis d'arriver jusque-là.

En conséquence, les amphithéâtres se retrouvèrent bondés en première année d'université et la vraie sélection s'opéra à la première évaluation. À Dijon, nous étions trois cents étudiants en anglais en septembre 68, cent cinquante à la rentrée 69…

À la sortie des épreuves, je m'arrête chez un disquaire pour acheter *Rain and Tears* de Demis Roussos. Le diplôme du bac en poche, nous tentons le soir même notre première expérience sur le tapis du gymnase de l'école où mon copain est venu me rejoindre. Lorsque j'entends cet air sur Nostalgie, la radio des « vieux », selon mes élèves, je replonge tout entière dans l'atmosphère chaude et émouvante de cette période mouvementée.

---

32 Bourse pour préparer le CAPES, attribuée en fonction des résultats à l'examen de 1è année.

33 Certificat d'Aptitude au Professorat de l'Enseignement Secondaire.

On me donne le choix entre une formation Lettres-Anglais à Dijon ou lettres-Allemand à Besançon. J'opte pour Dijon, scellant définitivement mon engagement avec mon ami lui aussi angliciste en dépit de ses origines alsaciennes.

Martine à quinze ans

Chagrin d'amitié

Les années nous transforment mais ne changent rien à l'amitié que Martine et moi nous portons l'une à l'autre. Derrière les bâtiments de l'école se trouve un parc dans lequel nous nous promenons pendant nos heures libres, cueillant pommes ou cerises, selon la saison. Tout au fond, à gauche, on a construit un théâtre de verdure dans lequel les élèves se produisent parfois. Un terre-plein consolidé par un petit muret. Nous prenons place sur le rebord ombragé et nous mettons à plat tous nos problèmes. C'est agréable, ce petit coin de campagne qui embaume l'herbe fraîchement coupée et la mousse. Une grande allée bordée de marronniers mène au portail qui donne sur la rue. Toujours ouvert, jamais franchi.

Ma nouvelle attache m'éloigne peu à peu de mon amie. Je cesse progressivement de me confier à elle car j'éprouve une certaine culpabilité. En outre, je ne suis pas certaine d'obtenir son assentiment.

Au mois de juillet, nous partons animer une colonie de vacances dans les environs de Macon. Ce sera notre dernière occasion de vivre ensemble pleinement notre amitié. Equipe agréable, dynamique, soirées chaleureuses, ambiance festive tout au long du séjour. Pendant ce temps, Ronny travaille comme serveur sur le port de Toulon.

À l'issue du séjour, Martine m'invite à la rejoindre en Espagne où, tous les étés, ses parents louent une villa à Rosas, alors que les Delagneau s'installent à l'hôtel Goya.

Habitués à une économie sévère, les miens ne quittent jamais la maison et c'est pour moi une occasion unique de prendre du bon temps. Mon père ne voit pas l'affaire d'un bon œil mais ma mère le convainc de me laisser partir. J'ai bien travaillé, je le mérite.

Je ne profite pas de ma chance. Je retrouve Ronny à Marseille et nous décidons de partir en stop à Rosas, trop impatients déjà d'imiter les modèles du Flower Power. Assez égoïste pour imaginer que les parents de mon amie seront d'accord, je sonne à leur porte flanquée de mon copain. La maman fait grise mise. Martine me regarde avec stupéfaction. Personne, cependant, ne me reproche mon initiative et une petite chambre de bonne dans les combles de l'hôtel Goya est finalement débarrassée pour accueillir le jeune homme.

J'ai tout simplement gâché les vacances. J'aurais dû passer mes journées à me baigner, parler, me promener avec Martine, goûter aux spécialités, m'essayer à discuter avec les gens. Au lieu de cela, j'impose le garçon à cette famille qui l'accepte poliment. Aucun grief ne me sera jamais adressé mais quelque chose s'est brisé. Le soir, Martine part en boîte avec Martine Delagneau alors que je vis déjà maladroitement ma vie de couple. La musique, les jeunes Espagnols, la chaleur des soirées d'été, tout cela, ce n'est déjà plus pour moi et j'arpente les rues étroites avec mon ami, le cœur serré et la rancœur au ventre de ne pas avoir Martine avec moi. Je n'évalue pas encore la part des responsabilités. Tout m'est dû et j'ai du mal à comprendre le silence poli de ma copine.

C'est sa maman qui me raccompagne à la gare de Rosas. Au moment du départ, elle me demande de lui rendre une aiguille qu'elle m'avait prêtée. « C'est, dit-elle, pour ne pas piquer ou couper l'amitié ». À cet instant là, je prends la mesure de mon erreur. Cependant, il est trop tard.

Je ne me suis pas excusée et je suis partie, coupable, mal à l'aise, consciente enfin du mal que j'avais fait.

Je ne pars pas tout de suite à Dijon. Il se passe quelques jours avant que n'arrive la décision du rectorat de m'admettre à l'université. Entre-temps, j'ai appris que j'étais enceinte. J'aggrave mon cas en le cachant à Martine qui, pourtant, s'est rapprochée de moi. Je ne sais pas comment elle l'a deviné mais elle le sait. Nous sommes assises en observation de classe. Je laisse tomber mon mouchoir. Elle plonge pour le ramasser. Elle ne me laisse faire aucun effort. Pourtant, elle ne dit rien. Je pleure souvent car mon père a très mal pris la chose et il m'accable de reproches et d'injures pendant des nuits entières. La rentrée des classes est pour moi un réel soulagement.

Quand la directrice m'annonce avec un large sourire que je pars à Dijon, je réagis à peine car je m'imagine à présent mal continuant mes études avec un bébé. Alors Martine me protège et me donne toute sa tendresse.

Le choc a été trop grand, ou peut-être que j'étais trop jeune... Je perds le bébé au bout de quelques semaines. Je n'ai rien fait pour mais je me sens soulagée. À la clinique, je plaisante. Je suis de bonne humeur et je reçois chaleureusement mes amies. Martine est la seule à avoir de la peine pour cet enfant que je viens de perdre. Elle ne comprend pas mon indifférence. Je le vois dans ses yeux. Une fois de plus, elle reste silencieuse. Une fois encore, je l'ai déçue.

30 novembre 1968. Je viens de me marier et nous nous tenons tous sur le parvis de la cathédrale d'Auxerre. Mes amies sont là : le quatuor est au complet mais cette fois-ci, c'est moi qui pars. Il fait très froid et je lance une boutade que Martine prend très mal : « Quel froid ! La prochaine fois, je me marierai au printemps ! »

Ma plaisanterie douteuse est d'autant plus malvenue que Dominique se cache dans la foule. Il a assisté à mon mariage, désemparé. Il s'est adressé à elle et à ma sœur pour essayer de comprendre. J'étais *sa* Michèle et je le resterais toujours.

Comment pouvais-je être aussi désinvolte ? En fait, cette attitude provocatrice cachait déjà un mal être. Qu'aurions-nous fait ne serait-ce que deux ans plus tard ? Avions-nous été poussés par une réelle attirance ou forcés par la conjoncture, la réaction de la famille, des parents, le regard des voisins ? On disait à l'époque : « Ils ont fait la bêtise ». Tellement de jeunes la faisaient, cette bêtise, dans ces temps où la libération sexuelle ne s'accompagnait pas encore d'une contraception correcte.

Nous sommes partis à Dijon. J'ai appris que Martine se mariait à son tour, ayant, elle aussi, « fait la bêtise » avec un garçon dont elle ne m'avait jamais parlé. Les ponts étaient coupés.

J'ai revu mon amie à mon retour du Kénya. Elle parlait souvent de moi avec Dominique qui, lui aussi s'était marié pour la même raison et amenait sa fille à l'école maternelle du pont où Martine enseignait. Il finissait son internat à l'hôpital d'Auxerre. Tous deux avaient conservé de moi le souvenir d'une Michèle gaie et affectueuse. Tous les deux étaient encore fidèles au souvenir.

Retrouvailles joyeuses définitives. Nous ne nous sommes plus quittées. Je repartais en poste à l'étranger mais je revenais et nous passions ensemble des moments inoubliables : fêtes à la maison, réception d'étudiants étrangers, énormes buffets que nous préparions ensemble, réunion des anciens. Martine est venue me rendre visite en Angleterre en 1989. J'occupais alors un poste d'attachée linguistique à l'Ambassade de France à Londres. Ensemble nous avons inauguré quelques soirées « Bicentenaire » dans des villes anglaises où les invités venaient nous dire gentiment : « We spotted you right away. You look so terribly French ! »[34]

Un jour, un agent de police nous a fait ouvrir la vitre, simplement pour dire à Martine : « You've got such a lovely smile !»[35] Alors, je lui disais : « T'es trop belle, faudra que je te vitriole ! » répétant des propos lus et entendus dans *Les mystères de Paris.*

À quinze ans, nous avions été opérées au même moment, moi de l'appendicite, elle d'un polype. J'ai eu un accident de voiture. Une semaine plus tard, il arrivait la même chose à Martine. Lorsque j'ai divorcé, son mari m'a dit en riant : « J'espère que là encore, elle ne va pas t'imiter... »

---

[34] Vous avez le look si terriblement français !

[35] Vous avez un si joli sourire !

Zig (Marie- Francine Gomard)

Les départs

Je suis partie en poste à l'étranger. C'est Martine qui m'annonce les disparitions successives de nos normiots. René, le premier de la liste, perd la vie dans un accident de moto. Un second accident de la route aura raison de Kiki Dudu.

Kiki était une gentille fille que nous connaissions un peu moins car elle appartenait à la section scientifique. Néanmoins, elle respirait la joie de vivre. Son embonpoint ne la gênait aucunement : au contraire, elle en faisait un sujet de plaisanterie. Dynamique épicurienne, elle avait choisi pour loisir le cyclotourisme, visitant à la première occasion les régions les plus belles de notre pays. C'est lors d'un de ses périples qu'elle fut happée par un camion. Nous conservons d'elle le souvenir d'un visage épanoui, toujours satisfait.

Chantal a perdu Philippe parti par mauvais temps raccompagner chez eux des enfants. Bien que remariée, elle ne s'est jamais départie de sa fragilité.

Lucile venait du lycée. Elle avait préparé avec moi le concours d'entrée à l'école normale. Elle nous surprit dès le départ par le regard résolument positif qu'elle portait sur la vie. Toutes les corvées étaient pour elle, non pas parce que nous les lui réservions mais parce qu'elle se précipitait pour les faire avant nous. Elle appliquait naturellement, sans le moindre bigotisme, les principes de la charité chrétienne. Pendant deux ans, Lucile a tenu à bout de bras Christiane, jeune fille détruite par de nombreuses épreuves successives. Nous éprouvions de la difficulté à gérer cette adolescente d'une tristesse incommensurable qui, à seize ans, se vêtait, se comportait, comme une vieille femme et contemplait d'un œil désabusé nos joyeux et bruyants débordements.

Cette représentation constante du malheur nous dérangeait. À force de patience et de volonté, Lucile a contribué à résoudre le problème. Un jour Christiane est revenue, vêtue d'une robe légère, le sourire aux lèvres. Elle avait même rencontré l'amour.

Lucile est partie à Dijon avec moi. Ensemble, nous avons préparé et obtenu notre diplôme de professeur de collège. J'ai eu la stupéfaction de la découvrir plus ouverte et plus tolérante que moi lors des discussions parfois délicates que nous menions avec notre tuteur de français. J'étais mariée et complètement bloquée lorsqu'il fallait débattre des nouvelles libertés qui m'étaient toujours étrangères. Je l'aidais à préparer ses leçons d'anglais. Elle s'est mariée et installée à la campagne où elle a fondé une famille. Elle est venue, heureuse et taquine, aux vingt ans de la promotion. Elle avait conservé le paquet de copies de philosophie du dernier devoir surveillé que le professeur lui avait remis en catastrophe en 1968. Solennellement, elle les a distribuées. « Oh la honte ! » annonce-t-elle. « Alain, à présent Monsieur l'Inspecteur avait obtenu 10/20 ! ». Il faut dire que ce dernier jour de devoir, il faisait soleil. Par ailleurs, nous savions tous qu'il ne compterait pas car il visait seulement à nous faire tenir tranquilles pendant ces jours de crise…

Nous avons appris le décès de Lucille quelques années plus tard : comme Chloé de *L'écume des jours »,* un énorme nénuphar avait envahi sa poitrine, réduisant peu à peu son espace jusqu'à l'étouffement.

Il en fut de même pour Nanou qui éclairait nos journées de son sourire et ses témoignages de bonheur et pour Zig qui a fait les beaux jours de nos jeunes années par sa verve et son charisme contagieux.

Pascal, notre deuxième artiste, Maître des heures, Maître du temps et des couleurs,[36] a disparu, rapidement détruit par son excessive soif de bonheur. Reste cependant le souvenir d'un grand garçon rieur, bruyant, remuant, original et sympathique, toujours prêt à saisir la moindre occasion de tourner en dérision le conventionnel, la médiocrité ambiante, l'ordinaire.

La semaine dernière, nous avons appris la disparition subite de Nelly Meunier, Nelly Rousseau aimée de tous.

M. Bourgeois, Ratati, Madame ont également rejoint leurs ancêtres.

Bien d'autres se sont évanouis dans la nature, pris dans le tourbillon de leur vie familiale et de leurs soucis. Francette s'est exilée au Maroc avec Hamidou, rencontré sur les bancs de l'université. Elle ne nous a pas oubliés et nous adresse de temps à autre un petit coucou affectueux.

D'autres encore n'ont pas changé au fond d'elles-mêmes et, en dépit des années, nous accueillent à bras ouverts : Biquette, Marie-Chantal, Marie-Laure, Marie-Claire, Renée, Gasty, Tommy, Dany, Joëlle, Adalouche, Marinette... Et j'en passe...

Les couples se sont faits et défaits, générant colère, tristesse, et nostalgie de tout ordre. D'autres s'aiment encore et se le disent.

Biquette vient de perdre son mari. C'était son premier et unique amour. Elle l'avait connu à seize ans et l'avait fortement soutenu dans son combat contre l'alcoolisme. À

[36] Pascal Maître.

son tour Christian avait aidé les autres à s'en sortir. Il a été emporté en quelques mois par cette terrible maladie qui nous décime tous peu à peu. « Le crabe », disent les Allemands. Cette bête affreuse dont les pattes s'étirent pour agripper votre cœur et le broyer, réduisant en lambeaux le bonheur de ceux qui vous aiment.

En dépit des meilleurs souvenirs, revenir en arrière, reconstituer, ne serait-ce qu'un soir, quelques-unes des heures que nous avons connues tient de l'utopie. Plusieurs expériences ont été tentées à l'occasion des dix ans, des vingt ans, des vingt-cinq ans de la promotion, résultant en soirées impersonnelles, quasi-formelles où parfois les gens se toisaient. On pouvait, de loin, deviner leurs pensées et leurs paroles : « ce qu'il est vieux... Ce qu'elle est devenue moche... Dis, moi aussi, j'ai vieilli comme ça ? T'as vu, lui, il se teint les cheveux... Il se croit encore en 68 avec ses cheveux longs... » Plaisir des retrouvailles mais, en même temps malaise, sentiment gênant de distanciation.

Il semble que certains aient peur de se souvenir. Devenus adultes, ils vous sourient à peine. Ils ont revêtu une autre peau, plus rêche, plus épaisse, qui les protège des intempéries mais les rend insensibles aux témoignages de tendresse en les plongeant dans une indifférence dévastatrice. Directeur d'école ? Père de quatre enfants ? Pris du grade ? Devenu un Monsieur ? Et après ? Est-ce que ça modifie d'un iota ce qui a pu se passer quand ils étaient jeunes, inconscients, maladroits, authentiques ? Est-ce que ça diminue la force des sentiments qu'ils ont alors éprouvés ou l'amitié qu'ils ont générée?

Parleront-ils, ceux-là, après avoir regardé le tableau peint pour le normiot ? Essuieront-ils alors une larme libératrice ou repartiront-ils, le cœur sec et la mémoire volontairement défaillante ?

Plus rien ne sera jamais comme avant. Il ne nous reste plus qu'à nous consoler en jetant un coup d'œil indulgent sur toutes les maladresses, toutes les erreurs que nous avons parfois pu commettre et surtout, en préservant, précieusement caché dans un petit coin de notre cœur, ce que nous avons retenu des jours heureux.

J'ai la mémoire qui flanche... Vite ! Tout consigner ici avant d'oublier ! Voilà, c'est fait. À vous de relire, de corriger, de combler, d'enrichir le souvenir.

« Les mains dans les mains restons face à face
Tandis que sous le pont de nos bras passent
Les éternels regards... »

Témoignage de Biquette

L'école normale constituait un formidable ascenseur social pour une fille de petit artisan. Que d'émotion à la lecture du résultat du concours, la joie de pouvoir accéder au « perron », l'échange de regards avec ma mère : j'allais réaliser son rêve personnel et avoir mes études payées.

Nous avions un professeur d'histoire que nous tentions d'aiguiller sur ses souvenirs personnels de guerre ou d'exode afin d'éviter l'interrogation écrite. Un peu dans la lune, Odette Baudin ne retenait que les noms d'élèves qui s'étaient fait remarquer par leur indiscipline. Lors des contrôles oraux, elle les interrogeait systématiquement. Amère rançon d'une gloire fugace... Lorsque, l'année suivante, la mixité fut mise en place dans nos cours, il lui a fallu deux mois pour en prendre conscience. Un matin, elle a levé la tête et, l'air surpris, a déclaré : « Tiens ! Il y a des garçons dans la classe... »

Qui pourrait oublier Élise dont la devise était « Faute avouée, pardon assuré » ?

Pour je ne sais quelle raison, un gros tas de pommes avait été déposé au pied de l'escalier qui mène au dortoir. Tentation oblige, lorsque nous passions, nous en prenions une et la croquions. Le tas diminua...

Au moment du dessert, Elise fit irruption dans le réfectoire. Silence immédiat. Calme inquiétant avant la tempête. Dans le lointain sonne un glas prémonitoire. Sursaut général lorsque jaillit un hurlement suraigu.

« Qui a pris des pommes ? »

Puis, reprenant son souffle : « Je vous attends dans mon bureau. Si vous avouez, vous ne serez pas punies. Sinon, retenue générale ! »

Un scandale similaire s'était produit à propos des cerises du jardin. La gente dame nous avait alors présenté, au moment du dessert, une assiette pleine de noyaux...

Le souci majeur d'Élise restait cependant la bonne tenue de ses jeunes vierges. Pour avoir le droit de se maquiller, il fallait montrer patte blanche et présenter à toute heure une armoire impeccable. Régulièrement, notre intendante se livrait à des fouilles dignes des meilleures investigations du FBI. En plein réfectoire, elle rapportait ses « trophées » sous le nez de la coupable en claironnant : « Elle sent mauvais » et, nous prenant à témoin : « Vous avez dû vous en rendre compte ! »

Elle surveillait attentivement le poids de ses brebis, flairant d'éventuelles maternités.

Réveil à trois heures du matin : Ayant, à l'instar, peut-être, de Martin Luther King, « fait un rêve qu'un beau jour tous les petits enfants...petits enfants, petits agneaux... » Élise s'était réveillée en sursaut et précipitée au dortoir, pensant prendre le loup « en flag » dans nos boxes. Un strident coup de sifflet nous arracha du sommeil du juste. Nous devions, dans la seconde, sortir de notre lit et tirer le rideau pour prouver que nous étions seules.... Réalité ou cauchemar ? Le lendemain matin, je me posais encore la question.

Les sorties donnaient lieu à un rite : Sur un cahier tenu par les secrétaires, nous devions poser des permissions de sortie. « Madame la Directrice, je sollicite de votre haute bienveillance… »

Je me rendais régulièrement chez le dentiste. J'avais donc obtenu le plus légalement du monde le droit de sortir. En bonne camarade, Zig décida qu'elle devait m'accompagner pour me tenir la main et, dans la foulée, m'entraîner dans un petit tour de ville avant de regagner le bercail. Le nom et l'adresse du praticien devaient apparaître sur la demande de sortie. Zig mit alors dans la confidence la secrétaire du dentiste qui, amusée par l'aplomb de la jeune fille, accepta de jouer le jeu. C'était compter sans la vigilance d'Elise. Bien préparée, sa vérification auprès du cabinet ne devait théoriquement poser aucun problème. Par malheur, notre cerbère choisit, pour téléphoner, le jour de congé de la secrétaire… Enfer et Damnation ! En toute bonne foi, la dentiste révéla la supercherie. Inquisition, stupeurs et tremblements[37], leçon de morale assortie de plusieurs week-ends de retenue…

Une autre sortie remarquable et remarquée restera gravée dans ma mémoire. À la fin de la quatrième année, une grande fête fut organisée, à laquelle la majorité de la promotion participait. Sitôt la représentation terminée, les trois quarts de la classe enjambèrent « le mur » au bas duquel, moteur vrombissant, attendaient les normiots venus nous chercher pour nous emmener dans notre discothèque favorite, à Chitry.

Difficile d'imaginer que les autorités n'aient rien entendu de cette animation inhabituelle, voire provocatrice, de la rue des Moreaux…

Cinq années ensemble dont quatre d'internat, ont tissé des liens indissolubles. Je revois toujours, j'aime toujours autant ceux et celles que je fréquentais et dont j'appréciais alors la candeur, l'enthousiasme et l'originalité. Je me

---

[37] Merci, Amélie.

souviens des confidences échangées, de la découverte de la vie que nous faisions ensemble. « Qu'est-ce qu'être amoureux ? » me demandait un ami.

Qu'en savions-nous ? Les avertissements de notre professeur de français contre un mariage prématuré venaient un peu trop tard. Si nos mères avaient moins souscrit au culte de la virginité, peut-être aurions-nous suivi des parcours différents.

Au terme de ce récit, je voudrais rendre hommage à Mademoiselle Jordonnet, maîtresse d'application à l'école maternelle. Formidable transmission de savoirs. Plus instructif que tous les cours de psycho-pédagogie, un mois seulement passé à ses côtés a suffi pour marquer et influencer toute ma carrière.

Le plus beau métier du monde

Nous voilà arrivés au seuil de la retraite. Pendant des années, nous avons suivi avec le plus grand respect les conseils de nos formateurs, tâtonné, hésité, douté. Nous avons parfois perdu courage, pour enfin réussir en ayant mis en place nos propres stratégies. Nous avons éduqué des générations d'enfants. Partis plein d'inquiétude porter la bonne parole dans les villes comme dans les campagnes, en France comme à l'étranger, nous avons été les premiers surpris en découvrant le plaisir que peuvent générer la main qui se tend, les larmes séchées, le sourire épanoui de l'enfant dont on a éveillé la curiosité et qui vient soudain de comprendre sa place dans le monde. Nous avons mené nos batailles avec enthousiasme.

Nous récoltons tous les jours le fruit de nos efforts lorsque, dans la queue d'un supermarché ou à l'occasion d'une promenade, un adolescent, une maman, un homme accompagné de son petit garçon nous accostent pour nous dire affectueusement : « Vous étiez mon institutrice, c'est vous qui m'avez appris à lire. Vous ne me reconnaissez pas ? »

Pour nous, l'école normale représentait la porte ouverte sur la connaissance mais surtout sur le savoir être. Nous avons appris à respecter la profession et à nous dévouer sans compter. La vocation n'est pas un mot vain. Elle va de pair avec la dimension « plaisir » et la satisfaction du travail bien fait.

Vous est-il arrivé de quitter la maison le moral à zéro après avoir essuyé une violente querelle domestique ? Avez-vous ressenti ce besoin impérieux de diriger votre voiture tout droit dans le premier rond point pour en finir enfin ? Et puis vous voilà arrivé dans votre classe et, au bout de quelques minutes, vous êtes irrésistiblement entraîné par le rire de vos élèves, par leur fougue et leur joie de vivre... Vous respirez et vous sentez un immense bien-être vous envahir. Tout à coup, vous vous prenez à rire et le monde s'éclaire soudain d'un arc en ciel.

C'est là que réside la mesure de votre réussite.

Les années ont passé. Le temps d'une vie d'instituteur. Témoignant d'une méconnaissance crasse de notre beau métier, le ministre de l'éducation nationale détruit en quelques mots ce que nous avons de plus cher. Il dévalorise notre action en transformant nos classes en garderies. Il nous insulte, nous les « normiots », nous les instituteurs qui avons consacré notre vie à mener pas à pas, dès leur plus jeune âge, nos enfants vers la socialisation et le savoir être.

Tiens, c'est vrai : avions-nous appris à changer les couches à l'école normale d'Auxerre ?

Monsieur le Ministre ignorant des règles de base de la politesse, Monsieur le Magicien qui tendez des carottes et prétendez sortir de votre chapeau des enfants bilingues sans leur offrir un minimum de soutien réaliste, sachez que, dès le moment où il a posé un pied dans la cour de l'école maternelle, le petit enfant est intégré à ce monde qui lui permettra d'apprendre à échanger et facilitera le parcours qu'il devra suivre pour devenir un citoyen accompli.

C'est là que commence sa vie. C'est là que sont

corrigées ses premières erreurs, repris ses premiers faux pas. Tout cela se fait par le tutorat, par l'exemple de l'aîné qui va aider le petit à se vêtir, à mieux échanger, à se choisir un jeu ou un symbole. Le moindre geste fait sens. Discret mais vigilant, l'enseignant est là, qui observe et agit.

Merci à toi, Nelly, qui nous as si souvent prouvé le bien-fondé de la Maternelle par les guerres que tu as menées et tes victoires.

Merci encore à vous, Monsieur et Madame Denise, Monsieur et Madame Nibourel. Mille mercis à vous tous, nos professeurs d'alors qui nous avez forgé la carapace indispensable et inculqué suffisamment de force et de tolérance pour passer par delà les « inanités sonores » de certain « bibelot » ventru placé sur la crédence de notre gouvernement, et qu'il nous serait si doux d'abolir... [38]

[38] Mallarmé … *Le sonnet allégorique de lui-même :*
« Sur la crédence, au salon vide, nul ptyx,
Aboli bibelot d'inanité sonore… »

La classe de maman

Remerciements

J'adresse tous mes remerciements à mes amis « normiots » qui m'ont aidée à fouiller dans nos souvenirs.

- Yvonne Perdriat-Laplaine, dite « Biquette », pour sa fidélité au passé et ses témoignages,
- Marie-Laure Massé-Châtelet, amie de longue date,
- Dominique Valet-Rouchon pour ses photos,
- Danielle Lépée-Rozier, ma « fille pédagogique » et
- Jacques Rozier, son mari, pour leurs photos, leur collaboration active et leur amitié,
- Geneviève Jussot, dite « Juju » et sa sœur, Nicole Ravin, qui m'ont apporté témoignages et photos,
- Odile Girard-Mazella,
- Bernadette Ormancey, normalienne à Evreux,
- Ronny, pour les enfants qu'il m'a donnés.
- Geneviève Jackson et Jean-Pierre Bonin pour leur assistance technique et leur amitié.
- Nous rendons hommage à tous nos formateurs, en particulier à Messieurs et Mesdames Nibourel et Denise qui se sont battus pour maintenir les postes de leurs successeurs.

Je dédie ce livre à ma mère et ma sœur qui m'ont transmis « le feu sacré », à mes enfants Coralie et Frédéric, à Nelly Rousseau.

Enfin, je l'adresse tout particulièrement à ma vieille copine Martine Lefièvre qui, je l'espère, se souvient de moi comme je me souviens d'elle.

Table

Les « normiots de 1è année

Nos « mères pédagogiques »

Merry life at Merry

MARTINE

MICHÈLE

Michèle et Martine 20 ans après...Mais je n'irai pas plus loin !

Graveurs de mémoire

Dernières parutions

Claude CHAMINAS, *Un Nîmois en banlieue rouge (Val-de-Marne 1987-1996)* suivi de *Retour à Nîmes (1996-1999)*, 2008.
Judith HEMMENDINGER, *La vie d'une juive errante*, 2008.
Édouard BAILBY, *Samambaia. Aventures latino-américaines*, 2008.
Renée DAVID, *Traces indélébiles. Mémoires incertaines*, 2008.
Jocelyne I. STRAUZ, *Les Enfants de Lublin*, 2008.
Jacques ARRIGNON, *Des volcans malgaches aux oueds algériens*, 2008.
André BROT, *Des étoiles dans les yeux*, 2008.
Joël DINE, *Chroniques tchadiennes. Journal d'un coopérant (1974-1978)*, 2008.
Noël LE COUTOUR, *Le Trouville de la mère Ozerais*, 2008.
Gilles TCHERNIAK, *Derrière la scène. Les chansons de la vie*, 2008.
Claude CHAMINAS, *Une si gentille petite ville de Bagneux 1985-1986 ou le Crépuscule d'un demi-dieu*, 2008.
Huguette PEROL, *La Maison de famille*, 2007.
Yolande MOYNE LARPIN, *Dits et non-dits de nos campagnes*, 2008.
Raymond Louis MORGE, *Michelin, Michel, Marius, Marie et les autres... Une famille de salariés et l'Entreprise Clermontoise*, 2007.
Michel ISAAC, *Si tu savais...*, 2007.
Roger FINET, *J'avais dix ans en 1939*, 2007.
Paul VANNIER, *Un si bel été, Petits mémoires de la Drôle de Guerre*, 2007.
Djibril Kassomba CAMARA, *Mon itinéraire*, 2007.
Tassadite ZIDELKHILE, *Tatassé. Mes rêves, mes combats. De Béjaïa à Ivry-sur-Seine*, 2007.
Françoise et Révaz NICOLADZÉ, *Des Géorgiens pour la France*, 2007.
Bernard NGUYEN, *Entre le Capitole et la Roche Tarpeienne*, 2007.

L'HARMATTAN, ITALIA
Via Degli Artisti 15 ; 10124 Torino

L'HARMATTAN HONGRIE
Könyvesbolt ; Kossuth L. u. 14-16
1053 Budapest

L'HARMATTAN BURKINA FASO
Rue 15.167 Route du Pô Patte d'oie
12 BP 226
Ouagadougou 12
(00226) 76 59 79 86

ESPACE L'HARMATTAN KINSHASA
Faculté des Sciences Sociales,
Politiques et Administratives
BP243, KIN XI ; Université de Kinshasa

L'HARMATTAN GUINEE
Almamya Rue KA 028
En face du restaurant le cèdre
OKB agency BP 3470 Conakry
(00224) 60 20 85 08
harmattanguinee@yahoo.fr

L'HARMATTAN COTE D'IVOIRE
M. Etien N'dah Ahmon
Résidence Karl / cité des arts
Abidjan-Cocody 03 BP 1588 Abidjan 03
(00225) 05 77 87 31

L'HARMATTAN MAURITANIE
Espace El Kettab du livre francophone
N° 472 avenue Palais des Congrès
BP 316 Nouakchott
(00222) 63 25 980

L'HARMATTAN CAMEROUN
BP 11486
(00237) 458 67 00
(00237) 976 61 66

Achevé d'imprimer par Corlet Numérique - 14110 Condé-sur-Noireau
N° d'Imprimeur : 775648 - Janvier 2018 - Imprimé en France